Landschaften auf KORFU

ein Auto- und Wanderführer

Vierte Auflage

Noel Rochford
deutsch von
Andreas Stieglitz

SUNFLOWER BOOKS

Dorina gewidmet

Vierte Auflage © 2005
Sunflower Books™
PO Box 36160
GB-London SW7 3WS
www.sunflowerbooks.co.uk

ISBN 1-85691-269-8

Episkepsis (Wanderung 6)

Wichtiger Hinweis an die Leser

Wir haben uns um Beschreibungen und Karten bemüht, die zum Zeitpunkt der Drucklegung fehlerfrei sind. Zukünftige Neuauflagen werden aktualisiert, sofern dies erforderlich ist. Es wäre für uns sehr hilfreich, Ihre Verbesserungsvorschläge zu erhalten. Bitte senden Sie Anregungen und Kritik auf Deutsch oder Englisch an den Verlag.

Wir verlassen uns auch darauf, dass die Benutzer dieses Buches — insbesondere Wanderer — die Landschaft mit Besonnenheit und Umsicht erkunden. Auf Korfu können sich die Gegebenheiten schnell ändern und durch ***Sturmschäden oder Bauarbeiten eine Route jederzeit gefährden***. Sollte einmal eine Wanderroute anders als hier beschrieben sein und Ihnen der weitere Weg unsicher erscheinen, kehren Sie zum Ausgangspunkt zurück. ***Versuchen Sie niemals, eine Tour unter gefährlichen Bedingungen fortzusetzen!*** Lesen Sie bitte sorgfältig die Anmerkungen auf den Seite 17 und 41 bis 46 sowie die einleitenden Planungshinweise (hinsichtlich Straßenzustand, Ausrüstung, Schwierigkeitsgrad, Länge, Gehzeit usw.) zu Beginn einer jeden Tour. Gehen Sie mit ***Umsicht*** auf Erkundungstour, und nehmen Sie dabei Rücksicht auf die Schönheit der Landschaft.

Umschlagfoto: Ano Perithia
Titelseite: Pondikonisi (Mausinsel)

Fotos: Autor, außer Seite 52, 62-3, 64,73, 78, 82, 87, 89, 93, 103, 115 und Umschlag (Mike Longridge)
Karten: John Underwood
Zeichnungen: Sharon Rochford
Druck und Einband in England: J H Haynes & Co Ltd

10 9 8 7 6 5 4 3

Inhalt

Der Korfu-Weg (Corfu Trail)

Nach mehreren Jahren der Planung und harter Arbeit wurde im Jahr 2002 auf Korfu ein Fernwanderweg freigegeben. Er führt auf seinem gewundenen Verlauf über 200 km von der Südspitze der Insel am Kap Asprokavos (Wanderung 21) nach Norden bis Ag Spiridon (Wanderung 1), wo er endet. Der ungefähre Verlauf des gesamten Weges ist auf der Autokarte zu sehen; die Wanderkarten zeigen, wo er im Bereich der Wanderrouten dieses Buches verläuft.

Der Weg umgeht dichter besiedelte Gegenden und verläuft durch die ländlichen Regionen der Insel, wo er zu zahlreichen der schönsten Stellen führt. Einige sind gut bekannt, andere unbekannt — schöne Fleckchen, Strände, malerische Bergdörfer, verlassene Weiler, Aussichtspunkte, Monumente, Klöster und Museen. Der Weg folgt ruhigen Landstraßen, schmalen Sträßchen und Forstwegen, aber auch vielen jahrhundertealten gepflasterten Muliwegen — den *kalderimia,* die einst von den Einheimischen benutzt wurden, um von Ort zu Ort zu gelangen.

Die Route ist mit gelben Aluminiumschildern markiert, die an unveränderlichen Objekten befestigt sind. Zusätzlich gibt es gelbe Farbpfeile, Punkte und Zeichen, die in den Gebirgsregionen die Hauptmarkierung darstellen.

Wer den Korfu-Weg begehen möchte, sollte sich den ausgezeichneten *Companion Guide to the Corfu Trail* von Hilary Whitton Papeiti (sie hat die Route geschaffen) besorgen. Er ist 2002 erschienen bei Pedestrian Publications, PO Box 445, Corfu 49100 (e-mail: corfiotm@otenet.gr; www.corfutrail.org). Wer den Weg begeht, wird gebeten, zusätzlich zum Preis des Wegführers eine 5 Euro-Note als kleinen Beitrag zum Verlag einzuschicken. Dieses Geld dient dem Erhalt des Weges.

Über die Hälfte der Wanderungen in diesem Sunflower-Führer verläuft auf Routen des Corfu Trail. Man wird daher mit großer Wahrscheinlichkeit von Zeit zu Zeit Wegweiser und Markierungen des Korfu-Weges sehen. Jedoch sollte man diesen Wegzeichen *nicht* einfach blindlings folgen, ohne die Wegbeschreibung zu lesen, da man sonst leicht auf dem falschen Weg landet und weiter zu gehen hat.

Vorwort

Korfus unwiderstehliche Schönheit lockt seit Jahrhunderten Besucher auf die Insel. Die türkisfarbenen Buchten, die mit silbergrünen Olivenbäumen bedeckten Hänge und die smaragdgrüne Landschaft hinterlassen unvergeßliche Eindrücke. Obwohl sich im Laufe der Zeit vieles verändert hat, kann man doch noch das ursprüngliche Korfu finden; dieses Buch möchte dabei behilflich sein. Entdecken Sie die verborgenen Winkel der Insel, die nur die wenigsten Urlauber kennenlernen.

Dieses Buch ist mehr als nur ein Wanderführer. Autotouren führen in die schönsten Gegenden der Insel, und die Picknickausflüge geben einen guten Vorgeschmack auf die Landschaft. Auf den Autotouren lassen sich viele herrlich gelegene Picknickplätzchen nach einem kurzen Spaziergang erreichen. Vielleicht erliegen Sie der Versuchung, an einem anderen Tag die Gegend noch einmal genauer zu erkunden.

Angesichts der vielfältigen Landschaft ist das Wandern auf Korfu das reinste Vergnügen. Oft muss man gar nicht weit gehen, um die schönsten Fleckchen der Insel zu erreichen. Die Wanderungen führen zu einigen der schönsten Strände, die es überhaupt gibt — von abgeschiedenen Kiesbuchten im Nordwesten bis zur kristallklaren hufeisenförmigen Bucht von Ag Georgiou, zu den Sanddünen der Korission-Lagune und zum Mirtiotissa-Strand. Für Abenteuerlustige bietet sich der unwegsame, von Ziegen bevölkerte Berg Pantokrator an. Bewaldetes Hügelland und weite, mit Blumen bedeckte Niederungen laden zu Spaziergängen und kurzen Wanderungen ein. Man kann aber auch Sumpfschildkröten entdecken, die sich in morastigen Gewässern sonnen, durch einige der wenigen Steineichenwälder Korfus marschieren, über leise rauschende Bäche steigen oder verlassene Dörfer besuchen.

Korfu ist im Frühling und Herbst am schönsten. Bunte Wildblumen in ihrer unübertroffenen Farbenpracht schmücken die Landschaft. Die Felder und Hänge sind mit cremefarbenen Krokussen, rosaroten Geranien, hellvioletten Anemonen, karminroten Alpenveilchen, leuchtendgelben Ringelblumen, sonnenblumengelben Goldbechern und kunstvoll gemusterten Orchideen bedeckt. Sogar die Disteln tragen zu dieser Blütenpracht bei. Und für etwas Spaß sorgt die Spritzgurke *(Ecballium elaterium)* — fassen Sie sie nur an und schauen Sie, was passiert!

Auch Bäume gehören zum Landschaftsbild. Am auffallendsten ist im Frühling der Judasbaum mit seinen violetten Blütentrauben. Auf dem Lande beschatten gewaltige Eichen und verzwirbelte Terpentin-Pistazien abgelegene Häuser und

Kirchen. Aus den dichten Olivenhainen ragen überall die dunklen Spitzen der Zypressen hervor.

Korfu hat eine bewegte Geschichte und überstand so manche Eroberung und Besatzung. Die jüngsten Eindringlinge sind die Heerscharen der Touristen, die die Insel vier Monate im Jahr belagern. Dem Massentourismus möchten Sie sicherlich entfliehen. Wer Korfu wirklich kennenlernen will, muss sich um Kontakt mit den Einheimischen bemühen. Draußen auf dem Land findet man noch menschliche Wärme und echte, unaufdringliche Freundlichkeit, sofern man nur auf die Menschen zugeht. Wenn man ein paar Brocken Griechisch beherrscht, sollte man sich einen Ruck geben und mit den Einheimischen sprechen — es lohnt sich. Genießen Sie unverfälschte Natürlichkeit statt der künstlichen Welt des Tourismus. Korfu hat heute zwei ganz verschiedene Antlitze. Dieses Buch möchte dazu beitragen, die wahre Insel zu entdecken.

Danksagungen

Herzlichen Dank an Mike Longridge für seine Herkulesarbeit, alle Routen für diese vierte Auflage des Buches abzuwandern und dabei umfassend zu überarbeiten, sowie für seine neuen Fotos.

Buch- und Kartetips

Landschaften auf Korfu ist ein *Tourenführer,* der in Verbindung mit einem normalen Reiseführer verwendet werden sollte, z.B. *Korfu & Ionische Inseln* (Michael Müller Verlag). Als Pflanzenbestimmungsbuch empfiehlt sich *Die Kosmos-Mittelmeerflora* von Ingrid und Peter Schönfelder. Auf Korfu sind (auf Englisch) drei Spezialbände von George Sfikas erhältlich: *Wild Flowers of Greece; Trees and Shrubs of Greece; Medicinal Plants of Greece.*

Für Infos über den Korfu-Weg siehe Seite 4.

Die beste Karte der Insel, für Wanderer und motorisierte Urlauber, ist die Karte von Road Editions Nr. 301 im Maßstab 1:70,000.

Verkehr

Die zwei beliebtesten und günstigsten Verkehrsmittel auf Korfu sind Bus und Leihwagen. Obwohl das Busnetz ziemlich ausgedehnt ist, gibt es nicht immer geeignete Verbindungen für die Anfahrt zu Wanderungen oder Picknickplätzchen. Während der Hochsaison sind die Busse meist vollbesetzt; manchmal halten sie dann unterwegs nicht an allen Haltestellen. Häufig sind die Busse auch verspätet. Aus diesen Gründen ist man mit einem Leihwagen gut beraten.

Leihwagen sind auf Korfu ziemlich teuer. Günstiger ist es, wenn man vorab bucht und bezahlt — entweder über den Reiseveranstalter oder über eine preiswerte internationale Leihwagenfirma, die auf der Insel eine Niederlassung hat. **Motorräder** und **Fahrräder** sind sehr günstig und gehören dadurch zu den beliebtesten Verkehrsmitteln.

Mit **Ausflugsbussen** kann man alle großen Sehenswürdigkeiten bequem kennenlernen, ohne jedoch am Inselleben teilhaben zu können. **Taxis** sind eine weitere Möglichkeit. Wenn man sich mit anderen gemeinsam ein Taxi nimmt, wird die Fahrt entsprechend billiger. Man sollte stets im voraus einen festen Preis vereinbaren und ruhig ein bißchen verhandeln.

Die **Linienbusse*** (siehe die Fahrpläne auf den Seiten 128-134) sind außerhalb der Touristenzentren nicht auf Urlauber eingestellt und verkehren entsprechend den Bedürfnissen der Einheimischen. Dies bedeutet, dass die Busse früh morgens von Korfu-Stadt zu den abgelegenen Dörfern abfahren und am Nachmittag wieder in die Hauptstadt zurückkehren. Viele der beschriebenen Wanderungen enden an Haltestellen dieser Überlandlinien. Um die einzige Rückverbindung des Tages zu erwischen, muss man so manche Wanderung im Eiltempo zurücklegen. Dies ist nicht unbedingt jedermanns Sache. Zum Saisonende wird der Fahrplan überdies ausgedünnt. Man kann dieses Problem mit einer Übernachtung am Ende der Wanderung umgehen. Außerhalb der Monate Juli und August bereitet dies keine Schwierigkeiten, da man überall auf der Insel kurzfristig Zimmer mieten kann. Andernfalls muss man sich am Endpunkt der Wanderung von einem Taxi oder Bekannten abholen lassen. Leihwagen können auch in Verbindung mit den Bussen benutzt werden, indem man das Fahrzeug entweder am Anfang oder am Ende der Wanderung stehenlässt und mit dem Bus in die Gegenrichtung fährt.

*Siehe die Anmerkung zu Bussen und Busbahnhöfen bei den Fahrplänen auf Seite 128; die Busbahnhöfe sind auf dem umseitig abgebildeten Stadtplan verzeichnet.

KORFU-STADT

1 Tourist-Information
2 Stadtverwaltung
3 Touristenpolizei
4 Postamt
5 Telefon und Telegramme (OTE)
6 Polizei-Hauptquartier
7 Krankenhaus
8 Olympic Airways
9 Britisches Konsulat
10 Archäologisches Museum
11 Cricketplatz
12 Fußballplatz
13 Leuchtturm
14 Städtisches Theater
15 Königspalast/Museum asiatischer Kunst
16 Rathaus
17 Venezianische Tore
18 Jachtklub
19 Musikpavillon
20 Öffentlicher Strand (›Mon Repos‹)
21 Bibliothek und Inselarchiv
22 ›Bus 1‹ (San Rocco Square)
23 ›Bus 2‹ (New Fortress Square)
24 Britischer Friedhof
25 Deutsches Konsulat
26 Dänisches Konsulat
27 Niederländisches Konsulat
28 Schwedisches/Norwegisches Konsulat
29 Öffentlichen Toiletten
30 Taxistand

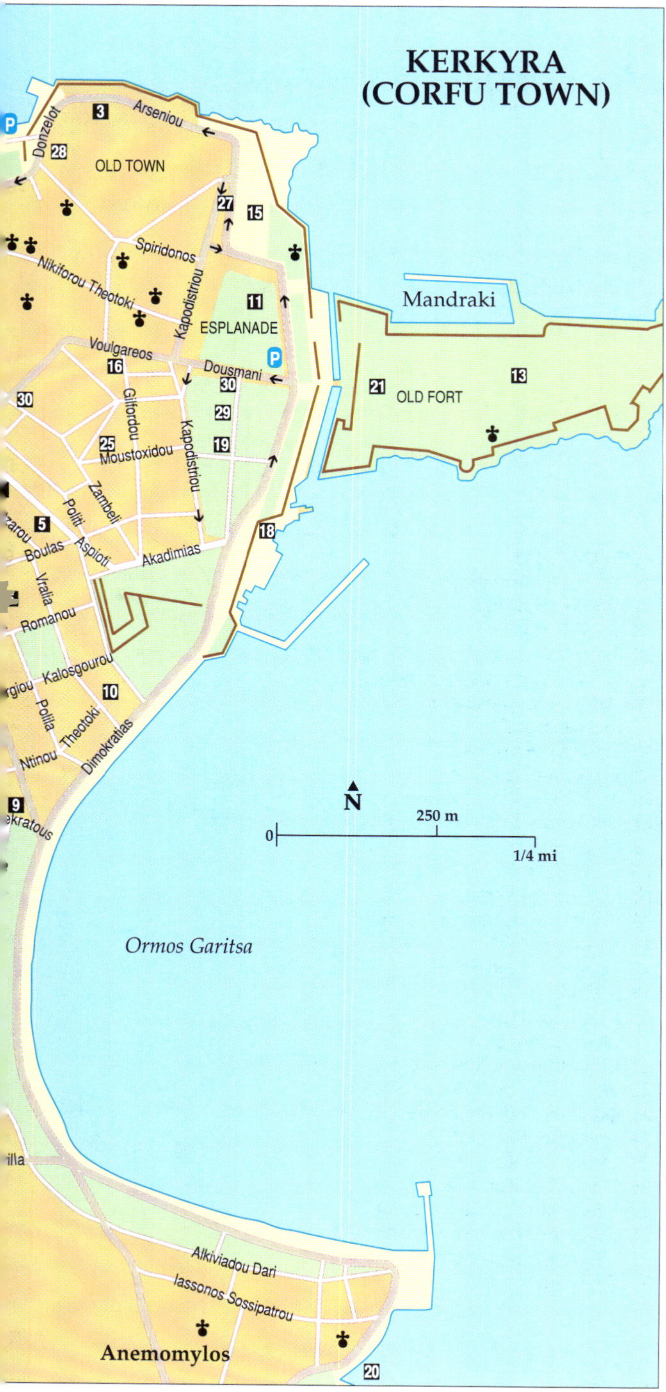
KERKYRA
(CORFU TOWN)
Mandraki
OLD TOWN
ESPLANADE
OLD FORT
Arseniou
Donzelot
Spiridonos
Nikiforou Theotoki
Kapodistriou
Voulgareos
Dousmani
Gilfordou
Moustoxidou
Zambeli
Politi
Aspioti
Boulas
Vralia
Akadimias
Romanou
Kalosgourou
Polila
Theotoki
Ntinou
Dimokratias
Ormos Garitsa
250 m
0
1/4 mi
N
Alkiviadou Dari
Iassonos Sossipatrou
Anemomylos

Picknickausflüge

Auf Korfu gibt es eine Vielzahl landschaftlich reizvoller Stellen, die sich als Picknickplätzchen anbieten, zumal sie abseits des Massentourismus liegen und noch ursprünglich sind. Ohne langen Anmarsch lernt man so die Landschaft kennen. Alle hier aufgeführten Picknickplätze sind leicht erreichbar; die meisten Ausflüge können auch zu einer kurzen Wanderung erweitert werden. Auf Korfu gibt es keine offiziell angelegten Picknickplätze; bei den vorgeschlagenen Stellen handelt es sich lediglich um besonders schöne Plätze oder Aussichten. Es gibt Plätzchen für jeden Geschmack: abgeschiedene Buchten, Berggipfel, Lagunen, Olivenhaine, Wiesen und verlassene Klöster.

Auf den folgenden Seiten ist genau beschrieben, wie man diese Picknickplätze erreicht. Die Picknicknummern entsprechen jeweils denen der Wanderungen, so dass man die ungefähre Lage rasch auf der ausfaltbaren Autokarte finden kann (die Wandergebiete sind hier grün umrissen eingezeichnet). Außerdem gibt es Hinweise zur Anfahrt (🚌: wie man mit dem Bus hinkommt; 🚗: wo man mit dem Auto parkt), wie weit es zu Fuß zum Picknickplatz ist sowie eine kurze Beschreibung von Lage und Ausblick. Neben dem Titel des Picknickausflugs steht ein Kartenverweis; die genaue Lage des

Picknickplatzes ist auf dieser Wanderkarte mit einem grünen ***P*** verzeichnet. Zu einigen Picknickplätzchen gibt es auch Abbildungen.

Vor dem Aufbruch sollte man sich die Beschreibung kurz ansehen. Wenn man mehr als nur ein paar Minuten zu Fuß zurücklegen muss, braucht man vernünftige Schuhe. Man sollte immer einen **Sonnenhut** mitnehmen (das Zeichen ○ bedeutet, dass der Picknickplatz in **praller Sonne** liegt). Außerdem empfiehlt sich auch ein Sitzkissen, falls der Boden feucht oder unbequem ist.

Wenn man mit dem Bus anfährt, sollte man die auf Seite 128-134 abgedruckten Fahrpläne aktualisieren, am besten direkt am Busbahnhof. Unsere Fahrpläne gelten nur in der Hochsaison und können sich jederzeit ändern.

Wenn man selbst am Steuer sitzt, sollte man auf Nebenstraßen und in Dörfern auf Kinder und Tiere achten, die sich auf der Fahrbahn aufhalten können. Beim Parken sollte man den Wagen stets neben der Straße abstellen, ohne dabei Pflanzen zu beschädigen, und die Fahrbahn unbedingt freihalten.

Alle Picknickfreunde sollten die Hinweise zum Natur- und Landschaftsschutz auf Seite 17 lesen und sich rücksichtsvoll verhalten.

Die folgenden Ausflüge sind nicht nur für Picknickfreunde gedacht, sondern auch gut dazu geeignet, um sich unterwegs auf einer Autotour die Beine zu vertreten und schöne Plätzchen zu besuchen, die man als normaler Tourist meist nicht zu Gesicht bekommt.

Für Picknick 11b am Kap Arilla hat man zwei Möglichkeiten. Entweder folgt man Kurzwanderung 11-2 (S. 86) zu diesem herrlichen Aussichtspunkt auf die beiden Nachbarbuchten am Port Timone, oder aber man genießt einen Blick nach Norden auf die Gravia-Insel und das Kap Ag Stefanos. Dazu folgt man dem breiten Fußweg gegenüber dem Eingangsportal der Kirche in Afionas. Oben zwischen den Häusern nimmt man die zweite Gasse links; daraufhin biegt man nach rechts und dann nach links ab. Dieser Pfad folgt dem Bergkamm bis zu einer Stelle, an der meist ein paar Esel stehen. Man kann dem Pfad noch fünf Minuten folgen; er führt die felsige Anhöhe zur Rechten hinauf.

Wenn man tatsächlich ein Picknick macht, dürfen die richtigen Zutaten nicht fehlen: frisches Obst direkt vom Markt, *angouria* (Gurken), *domades* (Tomaten), eine Scheibe Feta, Mortadella (Knoblauchwurst), etwas *taramosalata* und Tzatziki vom Supermarkt sowie ein paar fleischige schwarze Oliven. Unterwegs bekommt man in einer Dorfbäckerei knuspriges frisches Brot. Süßschnäbel können noch eine *baklava* (eine mit Nüssen und Honig gefüllte Pastete) oder *rigozala* (kalten Reispudding) kaufen. Und natürlich darf man den Wein nicht vergessen!

1 AG SPIRIDON (Karte auf S. 47, Foto auf S. 48) ○

Mit dem Auto: bis zu 30 Min. Fußweg; mit dem Bus: bis zu 1 Std. Fußweg

🚗 Strand von Ag Spiridon nordöstlich von Kassiopi (Autotour 1).

🚌 Bus Kassiopi/Roda zur Abzweigung Nea Perithia/Loutses.

Vier gute Möglichkeiten: Picknick hinter dem Strand Ag Spiridon (Schatten); man folgt Wanderung 1 (Seite 47) zur ersten Bucht und picknickt hinter der Brücke (kein Schatten); man nimmt den Weg, der quer über die Landspitze zum alten Kloster führt (Schatten); oder man geht zu der auf Seite 48 abgebildeten Gegend weiter (kein Schatten).

2 IMEROLIA (Karte: Rückseite der Autokarte)

Mit dem Auto: 10-20 Min. Fußweg; mit dem Bus: 10-20 Min. Fußweg

🚗 Imerolia, am Straßenrand (1 km nördwestlich von Kassiopi). (Autotour 1).

🚌 Bus Kassiopi/Roda nach Imerolia.

Man folgt entweder Wanderung 2 (Seite 50), um auf dem schattigen, blumenübersäten Pfad zu picknicken, oder aber geht an der Schule am nördlichen Ende der Bucht los, um einen schönen Blick über die Bucht zu genießen (aber kein Schatten). Dazu folgt man der Zufahrt zur Schule wenige Meter und biegt dann links auf einen Schotterweg ab. Direkt unterhalb des zweiten Hauses biegt man rechts auf einen Pfad ab und folgt ihm die Anhöhe empor, so weit man mag.

Olivenhaine eignen sich gut als Picknickplätzchen. Diese Aufnahme entstand 20 Minuten unterhalb Episkepsis auf Wanderung 6.

3 NISSAKI (Karte auf der Rückseite der Autokarte)

Mit dem Auto: 10-40 Min. Fußweg; mit dem Bus: 10-40 Min. Fußweg
Nissaki, abseits der Hauptstraße, westlich des Club Med *(der Parkplatz reicht nur für max. 2 Fahrzeuge).* (Autotour 1).
nach Nissaki; am Club Med aussteigen
Man folgt Wanderung 3 (S. 53) und kann jenseits der Häuser im Schatten von Olivenbäumen picknicken. Oberhalb des Dorfes Katavolos bietet sich ein herrlicher Meeresblick auf den Golf von Kerkyra und Albanien.

4a IN DER NÄHE DES NISSAKI BEACH HOTELS (Karte auf der Rückseite der Autokarte; Foto auf S. 58-59)

Mit dem Auto: 10-15 Min. Fußweg; mit dem Bus: 10-15 Min. Fußweg
Parkplatz des Nissaki Beach Hotels (Autotour 1).
Bus in Richtung Kassiopi; am Nissaki Beach Hotel aussteigen
Vom Strand unterhalb des Hotels geht man entweder nach links oder rechts an der Küste entlang und folgt Fußpfaden entlang der hinreißend schönen Felsküste. Olivenbäume spenden Schatten.

4b KALAMI (Karte auf der Rückseite der Autokarte; Foto S. 60)

Mit dem Auto: 15-20 Min. Fußweg; mit dem Bus: 25-30 Min. Fußweg
Kalami-Strand, nördlich von Nissaki. (Autotour 1).
Bus in Richtung Kassiopi; an der Abzweigung Kalami aussteigen.
Von der Bushaltestelle geht man zum Kalami-Strand hinab und läuft am Strand entlang. Am Ende des Strandes geht man den Pfad neben dem Restaurant hinauf und kommt wieder auf die Kalami-Straße. Nun folgt man der Straße hangaufwärts und biegt dann links auf einen Weg ab. Am Ende des Weges wandert man auf einem Pfad weiter, der zu einer zauberhaften Bucht hinabführt. Einige Olivenbäume spenden Schatten.

4c KOULOURA (Karte auf der Rückseite der Autokarte)

Mit dem Auto: bis zu 5 Min. Fußweg; mit dem Bus: 10-15 Min. Fußweg
Kouloura-Bucht, nördlich von Nissaki. Man hält sich links und nimmt den ersten Schotterweg, der zum Strand hinabführt. (Autotour 1).
Bus in Richtung Kassiopi; an der Abzweigung Kalami/Kouloura aussteigen. Man folgt obenstehender Wegbeschreibung zum Strand.
Schöner, unberührter Kiesstrand; Eukalyptusbäume spenden Schatten.

5 ANO PERITHIA (Karte auf der Rückseite der Autokarte; Fotos S. 62-63, 64, Umschlag)

Mit dem Auto: 5-10 Min. Fußweg; mit dem Bus: nicht erreichbar
bei der Kirche oberhalb Ano Perithia (Autotour 1).
Man geht zum Dorfplatz hinab, marschiert links an den beiden Restaurants vorbei und folgt dem Fußweg, um den restlichen Ort zu erkunden und eine stille Ecke zu finden. Schatten findet man unter Bäumen und bei verlassenen Häusern. Man kann auch Wanderung 5 folgen (Seite 64), um den Weg ein Stückchen in Richtung Lafki zu gehen.

6 STRINILAS (Karte auf der Rückseite der Autokarte) ○

Mit dem Auto: 10-15 Min. Fußweg; mit dem Bus: Fahrzeiten ungünstig
Strinilas; Parkplatz auf der Nordseite des Dorfes. (Autotour 1)
Man geht vom Dorfplatz in Richtung Spartilas hinab und folgt direkt hinter dem Ortsschild ›Strinilas‹ rechts einem betonierten Sträßchen bergab. Nach 30 m biegt man links auf einen Querweg ab und wandert zu einer Anhöhe hinüber. Weiter Blick auf die nördlichen Berge und ein eingeschlossenes Tal. Im Frühling und Herbst besonders schön, aber wenig Schatten.

7 SPARTILAS (Karte auf der Rückseite der Autokarte)

Mit dem Auto: bis zu 10 Min. Fußweg; mit dem Bus: Fahrzeiten ungünstig
🚗 Spartilas; nicht den Verkehr behindern! (Autotour 1)
🚌 nach Spartilas
Man folgt Wanderung 7 (Seite 71). Picknickmöglichkeit in dem Olivenhain neben der Straße. Wenn man am überwucherten Hang ansteigt, hat man einen Blick auf die Bucht von Ipsos.

8 NIMFES (Karte auf der Rückseite der Autokarte; Foto S. 77)

Mit dem Auto: 15-20 Min. Fußweg; mit dem Bus: Fahrzeiten ungünstig
🚗 Nimfes. (Autotour 2)
Man folgt Wanderung 8 (S. 76) zum verlassenen Kloster Pantokrator, das in einem Zypressenwald steht. Herrlich friedvolle Stimmung.

9 TROUMPETA-PASS (Karte auf der Rückseite der Autokarte) ○

Mit dem Auto: 15-25 Min. Fußweg; mit dem Bus: 15-25 Min. Fußweg
🚗 Troumpeta (Parkplatz beschränkt). (Autotour 2 und 3)
🚌 Bus Sidari/Roda; am Troumpeta-Pass aussteigen, den man zwischen Sidari und Roda überquert.
Wenn man sich dem Troumpeta-Pass von Süden nähert, zweigt am Anfang des Weilers auf der Passhöhe ein Schotterweg rechts ab. Man folgt diesem Weg bergauf, so weit man mag; gleich anfangs bietet sich ein guter Ausblick auf das zentrale Bergland. Nach einem Anstieg von 15 Min. erblickt man den Norden Korfus. Kein Schatten; daher im Hochsommer nicht als Picknickplatz zu empfehlen.

11a STRAND VON AG GEORGIOS (Karte auf Seite 90-91) ○

Mit dem Auto: 15-20 Min. Fußweg; mit dem Bus: 15-20 Min. Fußweg
🚗 Strand von Ag Georgios (über Pagi, das abseits der nach Sidari führenden Straße liegt). (Autotour 2)
🚌 nach Ag Gorgios
Man folgt dem Weg hinter dem Strand nach links (Süden) und geht so weit, wie man mag. Pfade zweigen vom Weg zu schönen, abgeschiedenen Sandbuchten ab. In der Nähe spenden Olivenhaine Schatten.

11b VON AFIONAS ZUM KAP ARILLA (Karte auf Seite 90-91; Fotos der näheren Umgebung auf Seite 10-11, 28)

Mit dem Auto: 10-15 Min. Fußweg; mit dem Bus: Fahrzeiten ungünstig
🚗 Afionas. Der Bus wendet hier auf dem Platz; man sollte daher 100 m unterhalb des Platzes abseits der Straße parken. (Autotour 2)
Siehe die Anmerkung neben dem Foto auf Seite 10-11.

12a BERG ARAKLI (Karte auf S. 90-91; Foto auf S. 18-19)

Mit dem Auto: 15-25 Min. Fußweg; mit dem Bus: Fahrzeiten ungünstig
🚗 Lakones (die beschilderte Abzweigung liegt nordöstlich von Paleokastritsa). Die Straße ist schmal; nicht den Durchgangsverkehr behindern! (Autotour 3)
Für den schönsten Blick auf die berühmte Liapades-Bucht folgt man Wanderung 12 ab der 40Min-Stelle (Seite 92) und wandert bergauf, so weit man mag. In der Nähe spenden Olivenbäume Schatten.

12b KRINI (Karte auf S. 90-91, Foto auf S. 93) ○

Mit dem Auto: 5 Min. Fußweg; mit dem Bus: 5-10 Min. Fußweg
🚌 oder 🚗 nach Krini (am Straßenrand vor dem Dorf parken). (Autotour 3)
Man begibt sich ins Ortszentrum und biegt an der Straßenverzweigung mit einem kleinen Baum in der Mitte nach rechts. Man folgt der Straße und geht geradeaus zwei Minuten durch eine Gasse. Am Ortsrand

Die Sanddünen in der Nähe des Issos-Strandes mit dem Ag Mattheos im Hintergrund (Picknick 20b, Wanderung 20, Autotour 4)

erreicht man eine steingepflasterte Dreschtenne mit Ausblick über die Westküste. Kein Schatten; im Hochsommer für ein Picknick ungeeignet.

12c ANGELOKASTRO (Karte auf Seite 90-91)

Mit dem Auto: 5-10 Min. Fußweg; mit dem Bus: Fahrzeiten ungünstig
🚗 Parkplatz Angelokastro unterhalb der Burg. (Autotour 3)
Die schönste Stelle für ein Picknick liegt in den Olivenhainen auf der Anhöhe gegenüber der Burg. Ein Pfad, der vom Parkplatz nach Krini ansteigt, führt entlang dieser Haine empor. Schatten.

13 IN DER NÄHE DES GAVROLIMNI-WEIHERS (Karte auf S. 100-101)

Mit dem Auto: 15-20 Min. Fußweg; mit dem Bus: Fahrzeiten ungünstig
🚗 Ropa-Ebene am Rande eines Weges. Wenn man die Ropa-Ebene von Liapades aus nach Süden überquert, biegt man an einem Schild mit einer Heuschrecke links auf ein Sträßchen ab (siehe Autotour 3, Seite 32). Nach 500 m setzt sich das Sträßchen als Schotterweg fort; nach weiteren 100 m kommt eine Parkbucht am Wegesrand.
Anhand der Karte auf Seite 100-101 kann man die Ebene erkunden und die Weiher besuchen. Friedvolle, bukolische Weidelandschaft (siehe das Foto auf Seite 32-33). Reichlich Schatten.

14 DOUKADES (Karte auf S. 100-101, Foto auf S. 102)

Mit dem Auto: 15-40 Min. Fußweg; mit dem Bus: nicht praktikabel
🚗 Doukades; man parkt auf dem Dorfplatz. (Autotour 3)
Man geht die Straße in Richtung Paleokastritsa zurück und nimmt dann die erste rechts abzweigende Gasse, um an einer Kirche (rechts) vorbeizugehen. Nun schließt man sich der Wegbeschreibung auf Seite 102 an, um Wanderung 14 ab der 3Std-Stelle zu folgen und die Steilwand hinter Doukades hinaufzuwandern. Nach zehn Minuten Anstieg bietet sich ein schöner Blick auf die Landschaft mit dem zentralen Bergland. Olivenbäume spenden Schatten. Nach insgesamt 40 Min. Anstieg erreicht man die wunderschön gelegene Kapelle Ag Simeon (Foto auf Seite 102), aber hier oben gibt es nur wenig Schatten.

15 MIRTIOTISSA-STRAND (Karte auf S. 108-109, Foto S. 106-107) ○

Mit dem Auto: 15-20 Min. Fußweg; mit dem Bus: 25-35 Min. Fußweg
🚗 oberhalb des Mirtiotissa-Strandes. Die Abzweigung kommt 3 km südlich von Vatos. Etwa 500 m den Weg zum Strand hinab parkt man in einer Senke im Schatten von Olivenbäumen. (Autotour 3)
🚌 bis zur Abzweigung zum Mirtiotissa-Strand (Glyfada-Bus).
Man folgt dem sehr steilen Weg zum Strand hinab. Der Rückweg ist ziemlich strapaziös. Hinweis: Es handelt sich um einen FKK-Strand.

16 BENITSES (Karte auf Seite 113)

Mit dem Auto: 20-30 Min. Fußweg; mit dem Bus: 20-30 Min. Fußweg
🚌 oder 🚗 nach Benitses (Autotour 4). Nachdem man geparkt hat, geht man zur Bushaltestelle (Wartehäuschen) am Bootssteg.

Direkt gegenüber der Bushaltestelle (Wartehäuschen) — jenseits der Verkehrsinsel — führt eine Gasse zu den Häusern zurück. Man folgt ihr anhand der Karte auf Seite 113 zum Wasserwerk. Nachdem man den Torbogen durchschritten hat, kann man sich ein Plätzchen suchen (nach etwa 15 Min. Anstieg durch das Tal). Üppiggrüne, überwucherte Garten.

17 KOMIANATA (Karte auf Seite 113)

Mit dem Auto: 5-10 Min. Fußweg; mit dem Bus: 5-10 Min. Fußweg
Komianata. Die Abzweigung liegt zwischen Strongili und Gastouri an der Alternativstrecke von Autotour 4 (Seite 35).
nach Komianata (Bus in Richtung Strongili)
Es gibt zwei Möglichkeiten. Wegen des *Ausblicks* nimmt man den Pfad, der oberhalb Komianata ansteigt; dazu folgt man Wanderung 17 ab der 1Std15Min-Stelle (S. 115). Für eine *Stimmung von ländlichem Reiz* nimmt man den Pfad, der vom Dorf bergabführt; dazu folgt man Wanderung 17 ab der 2Std35Min-Stelle (S. 116). In beiden Fällen gibt es Schatten.

18a HLOMOS (Karte auf S. 118-119, Foto auf S. 117)

Mit dem Auto: 5-10 Min. Fußweg; mit dem Bus: 5-10 Min. Fußweg
Hlomos, 5,5 km südlich von Messongi. (Autotour 4)
Bus nach Hlomos
Vom Buswartehäuschen/Parkplatz begibt man sich in das Dorf und nimmt den links ansteigenden Pfad, der zur Kirche beschildert ist.

18b KORAKADES (Karte auf Seite 118-119)

Mit dem Auto: 5-10 Min. Fußweg; mit dem Bus: Fahrzeiten ungünstig
Wendeplatz am Ende der Asphaltstraße außerhalb Korakades. In Argirades verlässt man die Hauptstraße nach Süden und folgt der Ausschilderung Petreti/Kouspades. An der Abzweigung nach Petreti hält man sich links, an der Abzweigung nach Kouspades rechts und fährt weiter bis zum Ende der Straße. (Autotour 4)
Man geht durch Korakades und folgt dem Sträßchen, das auf der anderen Seite aus dem Ort führt. Nach fünf Minuten kommen einige verlassene Häuser. Hier bietet sich ein herrlicher Ausblick zur Niederung von Lefkimmi und den Bergen von Epirus. Schatten von Olivenbäumen.

18c PETRETI (Karte auf Seite 118-119)

Mit dem Auto: 10-15 Min. Fußweg; mit dem Bus: Fahrzeiten ungünstig
Petreti, am Hafen oder in der Nähe des Strandes. (Autotour 4)
Man geht nach Süden an der Küste entlang, überquert zwei Bäche und folgt dann dem Pfad über die Anhöhe zur nächsten ruhigen Bucht namens Notos. Olivenbäume spenden Schatten.

20a HALIKOUNA-STRAND (Karte auf Seite 122) ○

Mit dem Auto: bis zu 5 Min. Fußweg; mit dem Bus: nicht praktikabel
Mesavrisi. Man zweigt zur Burg Gardiki ab (südlich von Ag Mattheos). An der ersten Verzweigung biegt man nach links, dann erneut nach links und folgt der Ausschilderung nach Mesavrisi.
Picknickmöglichkeit an beliebiger Stelle an der Korission-Lagune. Kein Schatten.

20b ISSOS-STRAND (Karte auf S. 118-119, Foto auf S. 15) ○

Mit dem Auto: bis zu 15 Min. Fußweg; mit dem Bus: nicht praktikabel
Issos-Strand. Die Abzweigung kommt in Linia, 5,5 km südlich von Ano Messongi, direkt hinter einer Tankstelle. (Autotour 4)
Mit Blick auf die Lagune und eine unberührte Küste kann man in Sanddünen picknicken. Kein Schatten.

Hinweise zum Natur- und Landschaftsschutz

Erfahrene Wanderer wissen gewöhnlich, wie sie sich in der freien Landschaft verhalten sollten, aber unerfahrene Touristen können aus Unkenntnis großen Schaden anrichten, Tiere verscheuchen oder sogar das eigene Leben gefährden. Bitte die folgenden Punkte beherzigen:

- **Kein Feuer anzünden.** Zigaretten vollständig auslöschen.
- **Keine Tiere aufschrecken.** Ziegen und Schafe, denen man unterwegs begegnet, sind nicht an Fremde gewöhnt. Durch Lärm oder den Versuch, sie anzufassen oder zu fotografieren, können sie erschreckt davonstürzen und sich verletzen.
- **Ruhig** durch alle Gehöfte, Weiler und Dörfer wandern und alle Tore im vorgefundenen Zustand hinterlassen. Diese Tore erfüllen einen Zweck.
- **Alle wildwachsenden und kultivierten Pflanzen schützen.** Bitte keine Wildblumen pflücken oder Pflanzen ausreißen. Obst und Gemüse sind Privatbesitz und sollten keinesfalls mitgenommen werden.
- **Niemals** quer über bestelltes Ackerland gehen.
- **Allen Abfall wieder mitnehmen.**
- **Keinerlei Risiken eingehen!** Man sollte sich bei den Wanderungen nicht überfordern und *nie* allein wandern. Stets sollte man einer zuverlässigen Person genau Bescheid sagen, wohin man aufbricht und zu welcher Zeit man voraussichtlich zurück sein wird. Wenn man sich verläuft oder verletzt, kann es lange dauern, bis man gefunden wird. Auf allen Wanderungen (außer bei kurzen Spaziergängen in Dorfnähe) sollte man eine Taschenlampe, eine Trillerpfeife, zusätzlichen Proviant, warme Kleidung und ***reichlich Trinkwasser*** mitnehmen.

Weitere Hinweise:

— Sturmschäden oder Planierarbeiten können einen Wanderweg jederzeit gefährden
— anstrengende Wanderungen sollten im Hochsommer nicht unternommen werden; Bergwanderungen sind bei Nässe eventuell ungeeignet
— man sollte nicht seine Kraft überschätzen; das Gehtempo hängt vom Langsamsten in der Gruppe ab
— die Verkehrsverbindung am Ende der Wanderung ist wichtig
— richtiges Schuhwerk ist unerläßlich
— in den Bergen braucht man warme Bekleidung
— stets einen Sonnenhut mitnehmen; auch Arme und Beine bedeckt halten!

Ziegen und schattige Olivenhaine — ein Anblick, der sich bei einem Wanderurlaub auf Korfu immer wieder bietet.

Autotouren

Die meisten Touristen mieten sich zumindest für einen Teil ihres Urlaubs ein Fahrzeug. Leihwagen sind relativ teuer, aber gegen Saisonende werden die Tarife günstiger (man kann auch einen Leihwagen vorbestellen; siehe Seite 7). Motorräder sind hingegen sehr preiswert. **Doch Vorsicht ist geboten:** Die meisten Leihwagen und ganz besonders die Motorräder werden nicht regelmäßig gewartet; Pannen sind häufig.

Vor Fahrtantritt sollte man sich den Wagen genau ansehen. Man sollte darauf achten, dass man den Mietvertrag und den Versicherungsschutz auch richtig versteht. Es ist z.B. möglich, dass Fahrten auf ungeteerten Straßen nicht mitversichert sind. Wenn man mit dem Wagen nicht völlig zufrieden ist, sollte man ihn nicht nehmen. Bei internationalen Leihwagenfirmen ist man normalerweise auf der sicheren Seite, aber sie sind auch teurer. Es empfiehlt sich, stets die Telefonnummer der Leihwagenfirma (einschließlich Notfallnummer) mit sich zu führen.

Während der Hochsaison besuchen Jugendliche Korfu zu Tausenden. Fast alle fahren gemietete Mopeds und Motorräder, viele davon zum ersten Mal. Die Unfallstatistik ist erschütternd. Fahren Sie stets vorsichtig und achtsam! Auf dem Lande muss man sich besonders vor Fußgängern und Tieren in Acht nehmen; Verkehrsstraßen werden von ihnen als Gehwege benutzt.

Die Beschreibung der Autotouren ist knapp gehalten. Der

Der schönste Blick auf das herrlich gelegene Kloster Paleokastritsa, den Juwel der Bucht von Liapades, bietet sich von dem Aussichtspunkt direkt hinter Lakones (Autotour 3). Denselben Blick genießt man auf Wanderung 12 und Picknick 12a von den Hängen des Arakli.

Text enthält wenig Geschichtliches und nur knappe Informationen zu den Ortschaften; solche Ausführungen findet man in normalen Reiseführern oder in den kostenlosen Broschüren der Tourist-Information. Im Vordergrund steht vielmehr die ›Logistik‹ der Touren: Fahrzeiten, Entfernungsangaben und Straßenverhältnisse. Die Autotouren führen in Gegenden, in die normalerweise keine Touristen vorstoßen. Vor allem aber sollen die Möglichkeiten für **Wanderungen** und **Picknickausflüge** aufgezeigt werden (das Zeichen *P* kennzeichnet einen Picknickplatz; s.S. 10-16). Nicht alle Picknickausflüge können im Rahmen einer langen Autotour gemacht werden, aber vielleicht dienen sie doch als Anregung, eine Landschaft an einem anderen Tag in Muße zu erkunden.

Die ausfaltbare Autokarte lässt sich ausgeklappt neben die Tourenbeschreibung halten und enthält alle Informationen, die man außerhalb von Korfu-Stadt braucht. (Außerdem wurde ein Großteil der Insel exklusiv für die Wanderungen dieses Buches kartiert; während der Autotouren kann man auch einmal einen Blick auf diese großmaßstäblichen Karten werfen.)

Alle Autotouren haben Korfu-Stadt als Ausgangs- und Endpunkt (Stadtplan auf S. 8-9); die Hauptstadt ist von den meisten Ferienorten aus leicht erreichbar. **Wenn man nur wenig Zeit hat, sollte man vor allem die Touren 1 und 3 unternehmen.** Die Tourenbeschreibungen schließen Besichtigungszeiten mit ein. Die **Symbole** im Text entsprechen denen auf der Autokarte (siehe die Kartenlegende).

Alle Autofahrer sollten die Hinweise zum Natur- und Landschaftsschutz auf Seite 17 lesen und sich umsichtig verhalten.

1 KORFUS ›RIVIERA‹ UND DER PANTOKRATOR

Korfu-Stadt • Nissaki • Kassiopi • Ano Perithia • Acharavi • Episkepsis • Pantokrator • Spartilas • Korfu-Stadt

124 km; etwa 5-6 Std. Fahrzeit; Ausfahrt A von Korfu-Stadt (Stadtplan Seite 8-9)

Am Wege: Picknick (s.S. 10-16): 1-7; Wanderung 1-7, 9

Der Straßenzustand ist unterschiedlich; die Fahrt verläuft größtenteils auf einer schmalen kurvenreichen Straße. In der Hochsaison starker Verkehr auf der Küstenstrecke. Zwischen Korfu-Stadt und Kontokali war während der Recherchen zu diesem Buch eine Autobahn in Bau, die möglicherweise bis nach Dasia verlängert wird.

Öffnungszeiten

Kapelle Ag Merkourios (in Ag Markos): nach Absprache mit dem Archäologischen Museum in Korfu-Stadt

Museumsdorf Danilia (nahe Gouvia): täglich außer sonntags 10-13 und 18-22 Uhr.

Keine andere Autotour auf der Insel bietet mehr. Entlang Korfus ›Riviera‹, einem einmalig schönen Küstenabschnitt mit traumhaften Buchten, umfahren wir das ausgedehnte Felsmassiv des Pantokrator. Die Berghänge sind mit Olivenhainen und vereinzelten Zypressen bestanden. Während der Fahrt zum Pantokrator hinauf wird die Landschaft rauher; die mit Buschwerk bestandenden Hügel sind mit Felsen durchsetzt. Ein mit felsigen Erhebungen übersätes Plateau (Foto auf Seite 70) führt zu dem kleinen Berggipfel, von wo aus man jeden Winkel der Insel sehen kann und übers Meer auf die lockenden Berge Albaniens blickt. Die sanfte Nachmittagssonne begleitet uns auf dem Heimweg, der sich zur Ipsos-Bucht hinunterschlängelt, wo uns eine malerische Küstenlandschaft erwartet.

Wir verlassen Korfu-Stadt (Ausfahrt A) auf der Uferstraße, vorbei an den alten und neuen Hafenbecken. Bald stoßen wir auf die Hauptstraße (⛽), die in den Inselnorden führt, und fahren rechts weiter. Die ersten 16 km dieser Fahrt führen an Korfus Touristen-Zentren vorbei, einem planlos verbauten und langweiligen Küstenabschnitt. Der Anblick des massigen Pantokrator und die schönen Inseln Lazaretto und Vidos vor der Küste bieten jedoch eine gewisse Entschädigung.

Kontokali (6,5 km ⌂⌂ ⌂ ✕ ⛽ Δ) ist der erste Urlaubsort; zum Glück führt die Hauptstraße an allen diesen Ferienkolonien vorbei. Sobald wir nach **Gouvia** hineinkommen (⌂⌂ ⌂ ✕ ⛽ Δ), führt eine Linksabzweigung am großen Diella's Discount Centre (7 km; Ausgangspunkt von Wanderung 15) zum Museumsdorf Danilia★. Wer an der Geschichte Korfus interessiert ist, kann sich die Überreste der venezianischen Werftanlagen in der Nähe des Jachthafens ansehen. An der ABZWEIGUNG NACH TSAVROS (9,5 km ⌂⌂ ⌂ ✕ ⛽) halten wir uns rechts; bald sehen wir die von Wasser umgebene Kapelle von Papandis★. Wir umfahren den Urlaubsort **Dasia** (12,5 km ⌂⌂ ⌂ Δ ✕ ⛽) und erreichen kurz danach die größte Ferien-

Wanderung 7 führt ebenfalls zum Kloster Pantokrator

kolonie der Insel: **Pyrgi/Ipsos** (15 km). Sie erstreckt sich über einen Kilometer längs einen schmalen Kiesstrandes. Wanderung 9 kann in Pyrgi, dem nördlichen Ende der Ferienkolonie, beendet werden.*

Während wir nach Nissaki weiterfahren, bietet sich ein herrlicher Blick zurück auf Korfu-Stadt. Die Straße führt nach **Barbati** hinab (19,5 km), und wir erhaschen kurz einen Blick auf den schönen Kiesstrand, der am Fuße von Olivenhainen liegt. **Nissaki** (23 km) ist ein guter Ausgangspunkt, um Berge und Küste zu erkunden; hier beginnen die Wanderungen 3-6. Zwei herrliche Picknickplätzchen liegen in der Nähe (***P***3, ***P***4a; Fotos auf Seite 58-59 und 60).

Während sich die Straße am Berghang entlangschlängelt, wird die Landschaft ursprünglicher; reizende weißgetünchte Dörfchen liegen auf den Anhöhen (in Kendroma). An der ABZWEIGUNG ZU DEN MEERESBUCHTEN KOULOURA/KALAMI (30 km) machen wir einen Halt, um die Gegend in Ruhe zu betrachten. Unterhalb von uns befindet sich die Kalami-Bucht (***P***4b); auf der Nordseite der Landspitze ist die Kouloura-Bucht (***P***4c) herrlich gelegen. An der Küste stehen vereinzelte Palmen zwischen den Zypressen, Olivenbäumen und Eukalyptusbäumen. Ein kleiner Anlegeplatz mit ein paar Fischerbooten trägt zum Reiz dieses Küstenabschnitts bei. 500 m weiter auf der Straße kommt ein guter Aussichtspunkt () auf diese Gegend. Jenseits der Meerenge erheben sich die eindrucksvollen Gipfel Albaniens.

*Gleich hinter Pyrgi (in der ersten scharfen Kurve) zweigt links eine Straße nach Ag Markos () ab; dieser Abstecher ist hin und zurück 4 km lang. Für Liebhaber von Fresken und Ikonen gibt es hier zwei interessante Kirchen: die Pantokrator-Kirche, die sich der besterhaltenen Fresken Korfus rühmt, und die nahegelegene byzantinische Kapelle Ag Merkourios★. Um die Pantokrator-Kirche zu besichtigen, sollte man im örtlichen Kafeneion nachfragen. Ein Besuch der Kapelle Ag Merkourios muss vorab mit dem Archäologischen Museum in Korfu-Stadt vereinbart werden.

Es geht wieder bergauf, und die Landschaft weitet sich. Tief unterhalb der Straße enthüllt sich eine einladende, völlig unbebaute Bucht; türkisfarben leuchtet das Meer an der Küste. Sollte man bisher dem lockenden Meer widerstanden haben, dann empfiehlt sich jetzt ein Abstecher (7 km hin und zurück) nach Ag Stefanos (⌂⌂⌂✕). Die beschilderte Abfahrt kommt 3 km hinter der Abzweigung zu den Buchten Kouloura/Kalami in **Kendromadi** (wo Wanderung 4 endet). Unmittelbar nach der Abfahrt muss man sich links halten. Zugegeben, der Tourismus hat auch diese liebliche geschützte Bucht schon erreicht, aber sie hat sich einen Reiz der Ursprünglichkeit bewahren können.

Die Tour setzt sich nach Kassiopi fort; zahlreiche Bäume zieren die Landschaft. Im Frühling fällt der prächtige Judasbaum mit seinen rosa- und violettfarbenen Blütentrauben auf, die an den noch unbelaubten Ästen hängen. **Kassiopi** (37 km ✝♜⌂⌂⌂✕⛽△) ist für unseren Autor der schönste und noch am ehesten empfehlenswerte Ferienort, da es den Charme eines Fischerdorfs hat. Auf der mit Gestrüpp bewachsenen Landspitze hinter dem Ort stehen die Überreste einer von den Fürsten von Anjou angelegten Festung. Sogar nach sieben Jahrhunderten sind noch viele der ursprünglichen Festungsmauern und Türme vollständig erhalten. Und es lohnt sich, sich die Beine zu vertreten, indem man einer ruhigen Straße um die Landspitze folgt; man sieht großartige Kalksteinvorsprünge und kleine Kiesbuchten. Im Herbst ist der Boden mit Alpenveilchen, Gänseblümchen und Löwenzahn bedeckt. Man kann hier natürlich auch sehr gut baden; dazu geht man vom Hafen aus links weiter. Im Mittelalter war die Kirche in Kassiopi das heiligste Gotteshaus der Insel. Sie wurde auf dem Platz errichtet, wo einst ein Jupitertempel gestanden hat. Gleich hinter Kassiopi kommt der schöne Küstenort **Imerolia** (38 km ⌂✕*P*2). Wanderung 2, die in die gegenüber abgebildete Landschaft hinaufführt, beginnt und endet hier.

Unsere nächste Abzweigung kommt etwa 6,5 km hinter Kassiopi. Wir folgen der Ausschilderung nach Loutses und biegen links nach **Nea Perithia** ab (⌂✕⛽). Im Ort halten wir uns links und fahren bergauf. Die Straße schlängelt sich über terrassierte Berghänge und führt kurz durch Olivenhaine. Die Inseln Othoni (die größte) und Erikoussa (die nächstgelegene) kommen in Sicht, dann die von Schilfrohr umgebene Antiniotissa-Lagune auf einer flachen Landzunge. Die lange Gipfelkette der albanischen Berge beherrscht den Horizont. Ab **Loutses** (⌂✕) wird die Landschaft merklich felsiger. Das Dorf zieht sich einen Bergrücken hinab. Bald tauchen Eichen und Terpentin-Pistazien *(Pistacia terebinthus)* auf.

Hinter Loutses umgibt uns die wilde, auf Seite 62-63 abgebildete Landschaft: zerklüftete, grasige Hänge mit verstreuten Eichen und wilden Birnbäumen. **Ano Perithia** (51,5 km ✕***P***5) liegt versteckt an den Hängen des Pantokrator zwischen den umliegenden Anhöhen. Dieses zauberhafte, nahezu verlassene

Dorf (Fotos auf Seite 62-64 und Umschlag) ist eines der schönsten Fleckchen auf Korfu. Nach Angabe der Einheimischen wurde Ano Perithia vor etwa 30 Jahren aufgegeben, doch noch vor 50 Jahren hatte es 3000 Einwohner und *sechs* Kirchen! Ein Besuch lohnt sich. Die Wanderungen 5 und 7 führen durch das Dorf; im Sommer sind zwei Tavernen geöffnet.

Wir fahren auf der Hauptstraße weiter und biegen nach 300 m rechts zur **Antiniotissa-Lagune** und nach **Ag Spiridon** ab (61 km ⛰⛰✕***P***1). An dieser abgeschiedenen, seichten Bucht mit ihrem klaren Wasser kann man die sehr empfehlenswerte

Blick vom Berghang unterhalb Bodholakos auf Kassiopi (Wanderung 2)

Schöne Häuser sind typisch für Korfu; diese Aufnahme entstand auf Wanderung 19 in Ag Mattheos.

Wanderung 1 machen. Wir fahren zur Hauptstraße zurück und nehmen die erste Rechtsabzweigung.

Auf der Weiterfahrt nach Westen geht es durch eine Küstenebene, wo Mandelhaine mit Olivenbäumen wetteifern. Auf den kurzen Abschnitt Weideland folgt bald bebautes Gelände (✕ in **Almiros**). In **Acharavi** (67 km ✕) biegen wir links nach Ag Pandelimonas ab (beschildert). Nach 700 m fahren wir an einer Linksabzweigung vorbei. Wir dringen nun in das Innere der Insel vor, umfahren Bergrücken und Täler — stets im Schatten des Pantokrator. Auf den Talböden breitet sich Gärten aus; dunkle Baumreihen aus Zypressen ziehen sich durch die olivengrüne Landschaft. Fast unbemerkt passieren wir das ausgedehnte Dorf **Ag Pandelimonas** (69,5 km). An der Straßenverzweigung direkt nach dem Ortsende fahren wir geradeaus weiter. Auf dem gegenüberliegenden Bergrücken erstreckt sich Episkepsis. Bei der Ortseinfahrt nach **Episkepsis** (71,5 km ✕) halten wir uns auf der mittleren (breitesten) der drei Straßen vor uns. Wanderung 6 führt in dieses zauberhafte Dorf mit seinen vielen farbenfrohen Winkeln. In der Dorfmitte steht links ein beachtenswertes venezianisches Herrenhaus.

Die Tour führt weiter über **Sgourades** (76 km), wo sich gemütliche alte Häuser aneinanderreihen. Ziegen und Schafe laufen hier eventuell über die Fahrbahn. Etwa 1,5 km hinter der Ortschaft biegen wir nach links zum Pantokrator (nach Petalia/ Lafki beschildert). Jetzt beginnt die Straße richtig anzusteigen; es bieten sich schöne Ausblicke über den Nordwesten der Insel. Immer weiter schlängelt sich die Straße in das Bollwerk aus Fels hinein. Wir erreichen ein mit Weinreben und Feldern bedecktes Becken. Hinter einer Biegung taucht **Strinilas** zwischen Felsbrocken und Grün auf (82 km ✕ ***P***6). Eine riesige Ulme spendet am Dorfplatz Schatten. Der hiesige Wein ist halbtrocken und gilt vielen Einheimischen als der beste der Insel. Wenn man ihn probieren möchte, sollte man nach einem *dopio* fragen.

Hinter Strinilas überqueren wir einen Bergrücken, und das einsame Petalia wird sichtbar, das etwas zurückversetzt in einem kahlen, abgestuften Becken liegt. Direkt hinter der Anhöhe vor Petalia biegen wir nach rechts bergauf, der Beschilderung zum Pantokrator folgend. Nach knapp 1 km Fahrt bergauf halten wir an und genießen den schönen Ausblick auf Petalia und die nördliche Steilwand (). Während es zum Bergplateau hinaufgeht, schlängelt sich die Straße um felsige, mit Gesträuch bewachsene Hügel. Die Landschaft wird immer öder. Im Frühling sind die Felsen und Steine mit Blumen bedeckt; nur ein paar Schritte vom Auto entfernt gedeihen Affodil, Steinbrechgewächse, Ringelblumen, Schwertlilien, Schachbrettblumen, Ehrenpreis, Boretsch und verschiedene Arten winziger wilder Orchideen mit zierlichen Formen und hübscher Musterung. Bitte keine Blumen pflücken! Das Panorama vom Gipfel des **Pantokrator★** (88,5 km) ist einzigartig auf der Insel. An ganz klaren Tagen erkennt man im Norden die Stiefelspitze Italiens und im Süden die Inseln Paxos und Antipaxos. Während der dunstigen Sommermonate hingegen sieht man normalerweise nur die gesamte Insel und hat einen fesselnden Ausblick auf das nahe Albanien. Ano Perithia wirkt wie eine Oase in dieser öden Landschaft.

Nachdem wir uns sattgesehen haben, kehren wir zur STRASSENVERZWEIGUNG NACH SGOURADES/SPARTILAS unterhalb Strinilas zurück (100 km), an der wir ursprünglich zum Pantokrator abgebogen sind, und biegen nach links. Wir fahren nun nach Süden und genießen einen herrlichen Küstenausblick mit den Buchten von Ipsos, Dafnila und Gouvia. Zuletzt kommt die Potamos-Bucht in Sichtweite, die sich bis nach Korfu-Stadt erstreckt. Im Herbst sind die umliegenden Berghänge mit rosarot blühendem Heidekraut bedeckt. Wanderung 7 beginnt in **Spartilas** (101,5 km ***P7***), das herrlich an den oberen Hängen des Pantokrator liegt. Kein anderes Dorf auf Korfu hat eine solche Aussicht zu bieten. Von hier führt die Straße in schier endlosen Serpentinen zur Straße nach Nissaki hinab (108,5 km). Wir biegen nach rechts und kehren nach **Korfu-Stadt** zurück (124 km).

2 STILLE WINKEL IM NORDOSTEN

Korfu-Stadt • Troumpeta • Valanio • Nimfes • (Roda) • Sidari • (Peroulades) • Ag Stefanos • Arilas • Afionas • Arkakades • Ag Georgios • Troumpeta • Korfu-Stadt

108 km; etwa 6 Std. Fahrzeit; Ausfahrt A von Korfu-Stadt (Stadtplan Seite 8-9)

Am Wege: Picknick (s.S. 10-16) 8, 9, 11; Wanderung 8-11

Die Straßen sind zumeist gut, aber die Landstraßen sind schmal und stellenweise holprig. Vorsicht vor Vieh und Fußgängern auf der Fahrbahn.

Sobald wir die Steilwand überwunden haben, führt uns diese Tour auf Bergrücken entlang und durch fruchtbare Täler. Dörfer, in denen sich seit Jahrhunderten kaum etwas geändert hat, liegen verstreut in der Landschaft. Die herrlichen Buchten an der Westküste sind ideal für ein Bad im Meer — insbesondere die Bucht Ag Georgiou, eine der schönsten ganz Korfus. Bevor man bei Sonnenuntergang die Heimfahrt antritt, kann man anhand der Beschreibung von Picknick 9 noch einen 15-minütigen Aufstieg machen, um die Insel im warmen Abendlicht zu betrachten: Von der Steilwand oberhalb Troumpeta, wo kein einzelner Farbton die Szenerie beherrscht, erstrahlt die Landschaft im Schein der untergehenden Sonne.

Wir folgen Autotour 1 zur STRASSENVERZWEIGUNG NACH TSAVROS (9,5 km), biegen hier links in Richtung Paleokastritsa und fahren durch **Sgombou** (; Wanderung 13 und 14). Wir verlassen ein schönes, mit Zypressen bestandenes Tal und biegen rechts in Richtung Sidari und Roda (14 km; beschildert). Die Straße führt zwischen Bäumen (17,5 km) nach **Skripero** hinauf (18,5 km). Links fallen stattliche Villen auf, einige davon mit Säulengängen. Am **Troumpeta-Pass** (23 km ***P***9), wo Wanderung 9 beginnt, schweift der Blick über das zentrale Tiefland des Inselnordens. Hinter uns taucht die Ropa-Ebene, eine weite Weidelandschaft (Foto auf Seite 32-33), auf.

Es geht nach Norden bergab; die Berge und Täler werden ausgeprägter. Vor der Küste liegen die scharf umrissenen Theapondinisi-Inseln. Hinter dem Pass nehmen wir die erste Rechtsabzweigung (in Richtung Roda). Nach gut 2 km (unmittelbar vor einem griechischen Schild ›Roda 12‹) biegen wir scharf rechts nach Valanio ab. Diese schmale Landstraße schlängelt sich in ein üppiggrünes Tal mit Bäumen und Gärten hinab. Kurz nach einer verlassenen, eingefriedeten Einsiedelei erreichen wir das rustikale **Valanio** (29 km). Vom Dorfplatz fahren wir nach rechts in Richtung Roda (winziger Wegweiser). Die Straße schlängelt sich in ein weites offenes Tal hinab und überquert einen Bachlauf. An der ersten Verzweigung biegen wir nach rechts und fahren durch **Kiprianades** (31,5 km) bergauf. Eine Minute hinter dem Weiler steht links eine auffallende Kirche mit Veranda. An der nächsten Verzweigung biegen wir nach links und gelangen rasch zur Hauptstraße hinab, die wir nach rechts in Richtung Roda weiterfahren. Nach 500 m (kurz nach einem Restaurant) biegen wir rechts nach **Nimfes** ab (36 km ✕*P*8; Wanderung 8). Ein kurzer Spaziergang führt zu der reizenden, auf Seite 77 abgebildeten Kapelle.

Wir kehren zur Hauptstraße Richtung Roda zurück und fahren rechts weiter. Wenn man auf einen Besuch dieses uninteressanten Ferienortes (▲▲Δ✕⛽⊕) verzichten möchte, biegt man an der ABZWEIGUNG NACH RODA links ab (42 km). Die Straße führt an Karoussades vorbei (46 km ▲✕⛽⊕), der größten Ortschaft im Norden Korfus. Nach 5 km biegen wir an einer Straßenverzweigung (⛽) rechts nach **Sidari** (51 km ▲▲✕⛽). Der ausufernde Ferienort liegt an einem langen, aber reizlosen Sandstrand. Vom Anleger aus fahren *caiques* zu den Theapondinisi-Inseln — eine häufig stürmische Überfahrt! Nach 500 m an der Küste entlang nehmen wir die erste Rechtsabzweigung *(unbeschildert)* zum **Canal d'Amour**★ (✕▲▲). An einer Querstraße direkt oberhalb des Flusses halten wir uns

Eine der Buchten am Canal d'Amour

Küste am Kap Arilla

rechts und parken am Straßenrand (in der Hochsaison ist es schwierig, eine Parklücke zu finden). Diese herrliche, aus erodiertem Kalkstein und Mergel bestehende Küste mit ihren eingeschnittenen Buchten ist ein ausgezeichnetes Plätzchen zum Schwimmen. Die kahlen Schichtstufen, gesäumt von Heidekraut und Besenginster, kontrastieren mit dem türkisblauen Meer. Der Volksmund behauptet, dass junge Mädchen, die durch diesen Kanal (und damit kurz durchs Meer) schwimmen, während er im Schatten liegt, den Mann ihrer Träume finden werden. Leider ist der Tourismus an diesem herrlichen Fleckchen nicht spurlos vorübergegangen.

Wir kehren zur Hauptstraße zurück und fahren nach Westen in Richtung Avliotes.

Abstecher: Von der ABZWEIGUNG NACH PEROULADES (✕), kann man einen Abstecher (5 km hin und zurück; nicht im Rahmen der eigentlichen Tour) zu einem schönen Strand machen. Dazu fährt man durch Peroulades (☗✕) und folgt den Schildern zum ›Sunset Café‹. Der Sunset Beach (☗✕) ist ein schmaler Sandstrand am Fuße hoher weißer Klippen. Auf der Rückfahrt durch Peroulades kann man sich bei einem 15-20minütigen Spaziergang zu dem Aussichtspunkt, der auf Seite 84 abgebildet ist, die Beine vertreten. Hierzu parkt man unterhalb des Dorfplatzes (genügend Platz lassen, damit der Bus wenden kann!) und folgt dann der Beschreibung auf Seite 82, um Wanderung 10 auf dem Kap Drastis zu beginnen.

Die eigentliche Autotour führt direkt nach **Avliotes** (58 km ☗✕), einem unbedeutenden Bauerndorf, das wir durch ein tiefgelegenes Tal mit grünen Wiesen erreichen. Judasbäume säumen den Straßenrand. Am Ortsende biegen wir links nach Ag Stefanos. Planlose Bautätigkeit hat das umliegende grüne Hügelland verschandelt. Der beste Blick auf den schönen, von Klippen gesäumten Sandstrand von **Ag Stefanos** (62,5 km ☗☗☗✕) bietet sich von der Kapelle aus. Um den Strand mit den Restaurants zu erreichen, biegen wir an der Straßenverzweigung nach rechts; nach Arilas, unserem nächsten Ziel, geht es hingegen nach links. Die Straße steigt leicht zu einer Querstraße an, die wir nach links weiterfahren. An der ABZWEIGUNG NACH ARILAS (64,5 km ☗✕⛽) biegen wir nach rechts zum Strand von **Arilas** (☗☗☗✕). Dicht vor der Küste liegt das Eiland Gravia, ein scharfkonturierter rechteckiger Felsen. Links erhebt sich das Kap Arilla stolz aus dem Meer (Foto oben).

Auf der Weiterfahrt geht es kurz an der Küste entlang. Nach 1 km, unmittelbar hinter einer Brücke, biegen wir rechts auf eine schmale Straße, die nach Afionas beschildert ist. Die holprige Straße schlängelt sich zu einer Querstraße hinauf, die wir rechts nach **Afionas** (69,5 km ▲✕📷***P***11b) weiterfahren. Beim Parken sollte man bedenken, dass der Bus auf dem Dorfplatz wendet; man sollte daher *mindestens* 100 m unterhalb des Platzes neben der Straße parken. Keinesfalls sollte man es versäumen, den einmaligen Ausblick zu genießen, der sich hinter dem Dorf oben vom Bergrücken aus bietet (***P***11b; Foto auf Seite 10-11). Auf Kurzwanderung 11-1 (Seite 86) kann man die herrliche Küstenlandschaft an der Bucht Ag Georgiou kennenlernen.

Wir fahren von Afionas wieder zurück und nehmen die erste Rechtsabzweigung (*scharf* rechts, beschildert nach Ag Georgios). Die Straße ist steil und kurvenreich. Der Strand von Afionas (71,5 km ▲✕) liegt am Nordzipfel der Bucht und ist noch weitgehend unberührt. In der Mitte der Bucht steigt die Straße oberhalb einer Gruppe von Häusern am Strand an. Auf einer Anhöhe fahren wir nach rechts hinab. Die Straße schwenkt kurz landeinwärts um einen Sumpf herum, ehe wir das Ortszentrum von **Ag Georgios** erreichen (73,5 km ▲▲▲✕). Wanderung 11 führt zur Bucht. Nach etwa 1 km am Ufer entlang biegt die Straße scharf nach links, und wir fahren landeinwärts durch eine Landschaft mit niedrigen Hügeln und Tälern, in der Zypressen hervorstechen. An der Straßenverzweigung, an der eine Straße links nach Dafni führt, halten wir uns rechts.

Während der Fahrt in das schöne Hangdorf **Pagi** hinauf (78 km ⛽) halten wir uns rechts; an der sogleich folgenden Querstraße fahren wir links durch den Ort weiter. Bald mündet von rechts eine Straße ein; wir fahren links weiter und schlängeln uns durch die mit Olivenbäumen bestandenen Hügel. Die schmalen Landsträßchen in dieser Gegend werden allesamt verbreitert; es ist also gut möglich, dass man auf Straßenbauarbeiten trifft. An der Straßenverzweigung inmitten von **Arkadades** (83 km) biegen wir scharf nach rechts. Nach etwa 1,5 km, direkt hinter **Kastellani** (⛽), gelangen wir wieder auf die Verbindungsstraße Sidari/Korfu-Stadt und fahren rechts zum **Troumpeta-Pass** hinauf. Von hier kehren wir über unseren Hinweg zurück. An der ABZWEIGUNG NACH PALEOKASTRITSA halten wir uns links; an der ABZWEIGUNG NACH TSAVROS (98,5 km) fahren wir geradeaus weiter und kehren nach **Korfu-Stadt** zurück (108 km).

3 DAS VIELFÄLTIGE INSELINNERE

Korfu-Stadt • Paleokastritsa • Lakones • Angelokastro • Makrades • Troumpeta • Ropa-Ebene • Mirtiotissa-Strand • (Glyfada-Strand) • Pelekas • Sinarades • Ag Gordis-Strand • Kato Garouna • (Ano Garouna) • Villa Achilleion • Korfu-Stadt

114 km; etwa 6 Std. Fahrzeit; Ausfahrt A von Korfu-Stadt (Stadtplan S. 8-9)

Am Wege: Picknick (s.S. 10-16) 9, 12a-c, 13-15; Wanderung 9, 12-15

Die Straßen sind meist gut, aber schmal und kurvenreich. Auf der Straße nach Lakones kommt eine Haarnadelkurve nach der anderen, was ungeübten Fahrern Schwierigkeiten machen könnte.

Öffnungszeiten

Kloster Paleokastritsa: 7-13 und 15-20 Uhr (1.4.-31.10.); Besuchern, die Badesachen tragen, wird der Zutritt verwehrt.

Villa Achilleion: täglich 9-16 Uhr

Auf dieser Autotour kann man sich Zeit lassen und unterwegs kleine Spaziergänge machen, zum Beispiel zu den erwähnten Picknickplätzen oder sogar noch ein Stückchen weiter. Wenn man lieber wandert, statt im Auto zu sitzen, kann man diese Fahrt als Zweitagestour unternehmen und mit einigen der zahlreichen kürzeren Wanderungen verbinden. So kann man beispielsweise den Arakli besteigen und einen der schönsten Ausblicke Europas genießen. Man kann auch die atemberaubend gelegene Burg Angelokastro und die spärlichen Überreste ihrer byzantinischen Festungsanlagen erwandern (Wanderung 12), über die Schafweiden am Gavrolimni-Weiher schlendern (Wanderungen 13 und 14), den mit Gestrüpp bedeckten Gipfel des Ag Deka erklimmen, um das versteckte Kloster gleichen Namens aufzuspüren (Wanderung 16), und zum wunderschönen Strand von Mirtiotissa (Wanderung 15) hinabwandern. Alle diese herrlichen, wenig bekannten Fleckchen sind frei zugänglich; meistens muss man nur ein kurzes Stück zu Fuß zurücklegen.

Wir folgen zunächst Autotour 2, bis sie nach 14 km rechts in Richtung Sidari abbiegt. Hier fahren wir geradeaus nach **Paleokastritsa★** (25 km ♁▲▲Δ✕⊕📷) weiter. Dieser populäre Badeort Korfus bringt all die Vor- und Nachteile eines beliebten Touristenzentrums mit sich. Am Fuß des Arakli, am Rande steiler Olivenhaine, liegen sechs verlockende türkisblaue Buchten eingeschnitten in der felsigen Küste. Der Tourismus hat zwar einiges verändert, aber die Landschaft ist immer noch von überwältigender Schönheit (Foto auf Seite 18-19). Die Wanderungen 11, 12 und 13 beginnen hier.

Wir folgen der Straße geradeaus durch den Ort und erreichen die bewaldete, steil abfallende Landzunge, auf der das Kloster steht. (Am Anfang der Zufahrtsstraße zum Kloster steht eine Ampel; man muss bis zu vier Minuten warten.) Obwohl die Anlage im Jahre 1228 gegründet wurde, stammt das blendendweiße Bauwerk erst aus dem 18. und 19. Jahrhundert. Innerhalb

Der Kreuzgang im Kloster Paleokastritsa

der Klosterpforte liegt der schöne begrünte Kreuzgang (Foto oben). In dem kleinen Museum gibt es sehenswerte Ikonen aus dem 17. und 18. Jh. Die Mönche sind der Touristen überdrüssig, erwarten jedoch von jedem Besucher eine Spende für den Opferstock. Sollte man vergessen, in die Tasche zu greifen, kann es leicht sein, dass man daran erinnert wird...

Wir lassen das Kloster hinter uns und haben einen herrlichen Blick auf Lakones, unser nächstes Ziel, das zur Linken ausgestreckt auf dem Sims einer Steilwand liegt. Wir fahren etwa 3,5 km dieselbe Strecke zurück und nehmen dann die erste Linksabzweigung, beschildert nach Lakones. Die Straße steigt steil in Serpentinen an und bietet wunderschöne Ausblicke. Olivenbäume beugen sich wie riesige Schirme über die Straße; dazwischen stehen dunkle Zypressen. Die Hangterrassen sind durch sorgfältig angelegte Steinmauern abgestützt. Wir nähern uns **Lakones** (33 km ☗✕***P***12a), wo die Einbahnstraße durch eine Ampel gesteuert wird; eventuell muss man fünf Minuten warten. Unterhalb von uns werden die Meeresbuchten sichtbar, und es dauert nicht lange, bis der Blick auch Liapades und die Anhöhen an der Küste einschließt. Einen Kilometer hinter dem Ort bietet sich von einer Aussichtsterrasse (📷; begrenzter Parkplatz) der beste Blick auf diese hinreißende Gegend. Von hier aus betrachtet hat der Tourismus noch keine allzu großen Wunden im Landschaftsbild hinterlassen.

Vom Aussichtspunkt nehmen wir die erste Linksabzweigung, beschildert nach **Krini** (36 km ☗✕***P***12b). Wir bleiben auf dieser Straße, bis sie am Fuße von Burg **Angelokastro★** endet (37 km ♜📷***P***12c). Wenig ist von der Burg erhalten, aber der 325 m tiefe Steilabbruch zum Meer ist ziemlich beeindruckend. Die byzantinische Festung wurde vermutlich im 12. Jh. von Michael Angelos I. erbaut. Von hier oben ist Korfu-Stadt sichtbar; dies war deshalb ein guter Platz, um vor feindlichen Schiffen zu warnen.

Wir kehren zu der von Touristenbuden gesäumten Straßenverzweigung am Ortsrand von Krini zurück und biegen sofort nach links in Richtung Makrades. Nach 30 m parken wir neben einer alten Schule. Wir gehen eine Minute geradeaus weiter und biegen dann links auf ein betoniertes Straßchen, das bald zum steinigen Weg wird. Wir folgen diesem Weg etwa 15 Minuten (Fahrzeuge mit Vierradantrieb können einfach bis zum Ende des Weges weiterfahren; siehe die Karte auf Seite 90-91). Der Ausblick (📷) auf die Bucht Ag Georgiou ist genauso schön wie der Blick vom Aussichtspunkt hinter Lakones.

Wir kehren zu der Verzweigung zurück, die von Touristenbuden gesäumt ist, und biegen nach links. Es geht bergauf am Ortsrand von **Makrades** (♠✕) vorbei nach **Vistonas** (40,5 km ✕). Dann steigt die Straße langsam am Steilhang an. Kurz erhaschen wir einen Blick zurück auf Krini, Makrades und Burg Angelokastro. Im Frühling belebt gelber Besenginster die kargen Berghänge, während im Herbst rosablühendes Heidekraut etwas Farbe bringt. Vom Bergkamm aus bietet sich ein herrlicher Rundblick über den Norden und Süden Korfus. Man kann an beliebiger Stelle anhalten, um die Aussicht in Ruhe zu genießen.

Wir bleiben auf dem Bergkamm, bis wir den **Troumpeta-Pass** erreicht haben (48 km ✕📷***P***9; Wanderung 9), und fahren hier rechts weiter. Während es nun bergabgeht, blicken wir auf das bewaldete Hügelland des Inselinneren. Das Dorf, das sich rechts an die Steilwand schmiegt, heißt Doukades. Etwa 3,5 km hinter der Passhöhe biegen wir rechts ab. In dem Bergdorf **Doukades** (54,5 km ♠✕***P***14; Wanderung 14) stehen die teilweise sehr schönen Häuser eng beisammen. Beim Verlassen des Ortes fahren wir zunächst an einer Rechts-, dann einer Linksabzweigung vorbei geradeaus bergab. Wir erreichen die Straße nach Paleokastritsa (⛽) und fahren links weiter. Nach etwa 800 m biegen wir in einer Kurve *scharf* rechts in Richtung Liapades ab. An der Straßenverzweigung direkt unterhalb Liapades (♠✕⛽; Wanderung 13) biegen wir nach links und erreichen den Rand der **Ropa-Ebene**. Weiter geht es durch Äcker und Weinberge; bald kommt durch Gräben abgegrenztes Weideland. Nach etwa 5,5 km auf der Straße durch das Ropatal fahren wir an der Abzweigung zum Gavrolimni-Weiher vorbei (***P***13); sie ist links durch ein Schild mit einer Heuschrecke gekennzeichnet.

Etwa 2 km danach biegen wir an der STRAßENVERZWEIGUNG GIANADES/MARMARO nach rechts und durchqueren die Ebene. Bald kommt eine Drei-Wege Kreuzung, an der wir links weiterfahren. An der nächsten Verzweigung biegen wir nach links. Nach 800 m fahren wir rechts über eine Brücke neben der Einfahrt zum Corfu Golf Club. Wir erreichen so den Ortsrand von Vatos. Kurz nach einer Tankstelle biegen wir nach rechts bergauf und erreichen **Vatos** (70km ♠Δ✕⛽⚲). Etwa 400 m hinter Vatos fahren wir um eine Kurve und erreichen die STRAßENVERZWEIGUNG GLYFADA/PELEKAS, wo es für uns rechts weitergeht. Über uns erheben sich die dunklen, bewaldeten Hänge des Ag Georgios. Durch diese Gegend führt Wanderung 15, die die Insel von West nach Ost durchquert.

Die Ropa-Ebene (Wanderung 13 und 15)

Vom Tourismus noch unberührt, lohnt der Mirtiotissa-Strand einen Besuch. Die Abzweigung kommt 2,5 km hinter Vatos *und ist leicht zu übersehen.* Wir achten rechts auf ein kleines Schild, an dem ein holpriger und staubiger Weg in einen Olivenhain abzweigt. 500 m weiter unten lassen wir unser Fahrzeug in einer Senke neben dem Weg stehen, denn danach ist der Weg für Autos viel zu steil und zerfurcht. Zu Fuß geht es dann in zehn Minuten zum Strand hinab. **Mirtiotissa** (✝✕*P*15; Foto auf Seite 106-107) ist Korfus einziger FKK-Strand (inoffiziell, versteht sich) und zieht auch schaulustige Insulaner an. Fünf Minuten vom Strand entfernt steht das Kloster von Mirtiotissa (Unsere liebe Frau der Myrten) abgelegen zwischen Olivenbäumen und Kiefern.

Vom Mirtiotissa-Strand kehren wir zur Hauptstraße zurück, biegen nach rechts und fahren an der nächsten STRAßENVERZWEIGUNG GLYFADA/PELEKAS links weiter. (Falls man nicht schon vorher am Strand von Mirtiotissa war, kann man hier nach rechts zum Strand von Glyfada fahren, der ebenfalls am Fuße der Klippen liegt. Verglichen mit Mirtiotissa ist er aber enttäuschend.) Die Fahrt führt durch Olivenhaine stetig bergauf nach **Pelekas** (76,5 km ✝▲▲✕). Unmittelbar hinter der ersten Kirche im Ort biegen wir *scharf links ab* und erreichen einen Aussichtspunkt namens ›**Kaiserthron**‹ (▲✕📷). Im Spätherbst bedecken ganze Felder von Krokussen den Gipfel. Zugleich bietet sich eine herrliche Aussicht: Wir blicken auf Korfu-Stadt und den Pantokrator, hinab ins Ropatal und hinüber zu den kleinen Bergen Garouna und Ag Deka.

Wir kehren nach **Pelekas** zurück, fahren durch den Ort und halten uns links. An der ersten Straßenverzweigung biegen wir nach rechts. Wir kommen durch eine mit Rebland bestandene Talsohle und erreichen eine Verzweigung, an der wir nach rechts in das farbenfrohe **Sinarades** fahren (83,5 km ▲▲✕). Dieses bezaubernde Dorf hat viel von seinem ländlichen

Charme bewahrt. An der Querstraße (⛽) hinter Sinarades fahren wir rechts nach **Ag Gordis** weiter (87,5 km ⌂⌂✗). Dank seiner reizvollen Lage ist dieser Ort ziemlich überlaufen, und es ist fast aussichtslos, einen Parkplatz zu finden. Um die Ortsmitte (am Strand) zu meiden, fahren wir an den Appartements, die am Hang stehen, vorbei bergab. *Sobald sich die Straße verflacht,* biegen wir links nach Kato Garouna ab. In Serpentinen geht es an den mit Olivenbäumen bestandenen Abhängen des Berges Garouna hoch empor.

An **Kato Garouna** (89,5 km ✗) fahren die meisten Leute vorbei, da es aus der Ferne nicht besonders einladend aussieht, aber dieser reizende, farbenfrohe Weiler hat viel Atmosphäre. Man kann nicht hineinfahren; wir parken daher rechts von der Straßenverzweigung und gehen zu Fuß los. Zur Weiterfahrt biegen wir an der Verzweigung nach links und fahren um das Tal herum in Richtung Korfu-Stadt zurück. Unterwegs halten wir uns stets links und fahren an den Abzweigungen nach Ano Pavliana und Ag Mattheos vorbei. Die Talwände werden steiler, und die Terrassen klammern sich förmlich an die Hänge. In **Ag Theodori** (93,5 km ✗) kommt die Rechtsabzweigung nach Ano Garouna (✗📷), wo Wanderung 16 beginnt (3,5 km Abstecher hin und zurück). Von Ano Garouna aus bietet sich auch ein schöner Blick auf das Tal und einen Zipfel von Ag Gordis.

Die eigentliche Tour führt jedoch an dieser Abzweigung vorbei, und wir beenden den Tag mit etwas Kultur. Dazu fahren wir geradeaus durch Ag Theodori bis zur VERBINDUNGSSTRASSE SINARADES/KORFU-STADT und biegen nach rechts. Nach 3 km fahren wir an der ABZWEIGUNG NACH GASTOURI nach rechts bergauf und kommen durch **Gastouri** (⌂⌂✗). Nach 2 km haben wir die **Villa Achilleion★** (**♜M**) erreicht. Diese prunkvolle und überreich geschmückte Villa wurde 1892 für die österreichische Kaiserin Elisabeth erbaut. Nach ihrer Ermordung stand das Gebäude leer, bis es durch Kaiser Wilhelm II. erworben wurde, der noch ein paar bauliche Akzente setzen ließ. Der weitläufige, in Terrassen angelegte Park mit seinen schönen Ausblicken (📷) lädt zu einem beschaulichen Spaziergang ein.

Wir fahren auf dieser Straße zur Küste weiter und folgen dann der Hauptküstenstraße nach **Korfu-Stadt** zurück (114 km).

4 VERSTECKTE WINKEL IM SÜDEN

Korfu-Stadt • (Messongi) • Hlomos • Issos-Strand • Argirades • Kouspades • Perivoli • Lefkimmi • Kavos • Burg Gardiki • Korission-Lagune • Ag Mattheos • Korfu-Stadt

144 km; etwa 7 Std. Fahrzeit; Ausfahrt B von Korfu-Stadt (Stadtplan S. 8-9)

Am Wege: Picknick (s.S. 10-16) 16, 18a-c, 20a-b (Picknick 17 liegt an der Alternativstrecke durchs Inselinnere); Wanderung 16-21

Die Hauptstraße in den Süden ist in gutem Zustand, aber stark befahren. Die Tour folgt aber auch einigen schmalen kurvenreichen Straßen.

Höhepunkt dieser Fahrt ist der Korission-See, der eigentlich eine Lagune ist. Dieses einzigartige, unberührte Fleckchen hat jedem Besucher etwas zu bieten — eine Vielfalt an Vögeln für ornithologisch Interessierte, Blumen für Pflanzenliebhaber und einen seichten Strand für die Sonnenanbeter... und vor allem Ruhe und Frieden. Ab Argirades gibt es für Touristen nicht viel zu sehen, höchstens die Salinen am Kap Lefkimmi. Für Wanderfreunde wurde auch Kavos in die Tour einbezogen; es ist zwar ein langweiliger Ferienort, der absolut nichts zu bieten hat, aber die Kurzwanderung 21 ist sehr empfehlenswert.

Die Fahrt führt über die Küstenstraße nach Süden. Falls man diese Route bereits kennt, kann man auch die unten beschriebene Alternativstrecke durchs Inselinnere fahren. Auf jeden Fall verlassen wir die Stadt am San Rocco-Platz (Platia Georgiou Theotoki und Dimoulitsa-Straße) und folgen der Ausschilderung zum Flughafen bzw. nach Lefkimmi (Ausfahrt B). An der Abzweigung nach Lefkimmi (5 km)* biegen wir nach links. Bei der Fahrt nach Perama erhaschen wir einen Blick (📷) auf das Kloster Vlakerena, das durch einen Damm mit dem Festland verbunden ist, und auf Pondikonisi, die ›Mausinsel‹. Diese herrliche Landschaft (siehe die Titelseite) ist auf vielen

Alternativstrecke durchs Inselinnere**: An der Abzweigung nach Lefkimmi fährt man geradeaus weiter. Nach 5 km biegt man links nach Ag Deka ab (beschildert). In Serpentinen geht es die steilen, verstreut mit Zypressen bestandenen Abhänge des Berges Ag Deka hinauf, und das Inselinnere rückt ins Blickfeld. Korfu-Stadt und die Khalikiopoulus-Lagune liegen nicht weit unterhalb von uns. Nach 3 km Anstieg geht es an **Ag Deka** vorbei, einer in Stufen am Berghang liegenden Häuseransammlung. Hier hat man einen herrlichen Blick über den Golf zum Pantokrator und nach Albanien. Ein Stückchen weiter entlang der nunmehr steilen Abhänge kommt unten Benitses in Sicht, das an der Küste eingebettet zwischen Anhöhen liegt. Jenseits der Meerenge liegen die abgerundeten Berge von Epirus. Ein Abstecher nach **Halidata, Dafnata** und **Komianata** (Wanderung 17; ***P17), drei reizenden, guterhaltenen Dörfern mit uralten Häusern, ist empfehlenswert. Dazu nimmt man die erste Linksabzweigung hinter Ag Deka. Nach dem Abstecher kehrt man zur Hauptstraße zurück und fährt links weiter. Über den Bergrücken geht es in das mit Olivenhainen und Gemüsefeldern bestandene Tal von Messongi hinab. Unten in der Ebene kommt man durch das kleine Bauerndorf **Strongili** und schließt sich in **Ano Messongi** wieder der Hauptstrecke an.

Das Kloster Ag Deka (Wanderung 16) liegt unweit der Alternativstrecke durchs Inselinnere

Reisebroschüren Korfus abgebildet, aber von **Perama** (7 km ⌂⌂△⛽✕) bis Benitses ist die Küste verbaut und keineswegs anziehend. Die farbenfrohen Gärten und die Vielzahl an Bäumen entschädigen dafür jedoch etwas.

Hinter Perama geht es dicht oberhalb des blaugrünen Meeres entlang. Bald fahren wir an der **Kaiserbrücke★** (✕) vorbei, ein ausgefallener, aus Marmor erbauter Anleger, der einst über eine teilweise erhaltene Brücke mit den **Achilleion-Gärten★** (Autotour 3) verbunden war.

Benitses (12 km ⌂⌂✕⊕), wo Wanderung 16 endet und Wanderung 17 beginnt, liegt am Fuße eines dichtbewaldeten Berghangs. Ein neuer Jachthafen ist im Bau und der Ort arbeitet schwer an einer Aufpolierung seines Image. Nur 20 Minuten zu Fuß von hier liegt ein üppiger Wildgarten tief in einem Tal. Für Wanderfreunde sei Wanderung 16 empfohlen; ansonsten empfiehlt sich ein Abendspaziergang zum Wasserwerk (***P***16; siehe die Hinweise auf S. 15-16). Zurück auf der Hauptstraße, deuten die Überreste einer römischen Villa (3. Jh.) darauf hin, dass die Geschichte Benitses' als Badeort viele Jahrhunderte zurückreicht; im Ort befindet sich auch ein römisches Badehaus. Ab Benitses gibt es bis auf gelegentliche verstreute Hotels keine Bausünden mehr. Kurz vor **Moraitika** (19,5 km ⌂⌂✕⛽⊕) bietet sich ein schöner Blick auf die Küstenberge, die zum Ende der Insel abfallen.

Vor der ABZWEIGUNG NACH MESSONGI (20,5 km) kommen wir durch einen Schandfleck touristischer Erschließung. An der Abzweigung biegen wir nach rechts und fahren landeinwärts. Der Querstraße in **Ano Messongi** (⌂✕⛽) folgen wir nach links über eine Betonbrücke und bleiben so auf der Hauptstraße des Südens. *(An dieser Stelle schließt sich die Alternativstrecke durchs Inselinnere von rechts an.)* Unmittelbar hinter der Messongi-Brücke zweigt die Straße nach Ag Mattheos rechts ab. Wir fahren geradeaus weiter und lassen das Tourismusgebiet hinter uns. Die Straße ist jetzt breiter, und die Fahrt durch Olivenhaine, unterbrochen von gelegentlichen Weinbergen und Gärten, geht nun schneller voran. Von jetzt an verlassen wir in regelmäßigen Abständen die Hauptstraße.

Die ersten beiden Abstecher beginnen in **Linia** (27,5 km ⛽✕), und zwar genau gegenüber. Zunächst biegen wir links nach Hlomos ab (beschildert); auf dem Rückweg werden wir die gegenüberliegende Abzweigung zum Issos-Strand nehmen. Die Fahrt nach Hlomos hinauf bietet gute Ausblicke auf die Korission-Lagune; nach 1,5 km können wir von einem guten Aussichtspunkt (📷) am Straßenrand die Landschaft in Ruhe betrachten. Wir kommen nach **Hlomos** (31,5 km ✕📷***P***18a) und halten in der kleinen Parkbucht. Für einen herrlichen Ausblick gehen wir noch 100 m in den Ort hinein und folgen der Ausschilderung zur Kirche hinauf, die am Hang oberhalb des Dorfes steht. Von hier aus erblicken wir die erodierten Berge von Epirus, die Lefkimmi-Bucht und das Kap Lefkimmi, das in einer feingezogenen Linie ausläuft. Selbst Paxos scheint nicht weit entfernt. Hlomos wird auf Wanderung 18 besucht. Es gehört nicht zu den typischen weißgetünchten Bilderbuchdörfern, sondern ist ein Bauerndorf mit ausgeprägt ländlichem Charakter (Foto auf Seite 117). Durchzogen von einem Gewirr enger Gassen, klammern sich die Häuser mit herrlichem Weitblick an den steilen Hang.

Wir kehren zur Hauptstraße zurück und überqueren sie. Die Straße schlängelt sich zwischen Olivenbäumen, Weinbergen und Feldern zu den Dünen am **Issos-Strand** (37 km ***P***20b). Wanderung 20 führt zu diesem sauberen, wilden Küstenabschnitt, der sich nach rechts hinzieht. Im Hintergrund erheben sich die dunklen Hänge des Ag Mattheos (Foto auf Seite 15). Wenn man die fünf Minuten entfernten, verkrusteten Sandformationen besteigt, hat man einen ungestörten Blick auf die Korission-Lagune.

Die nächste Abzweigung von der Hauptstraße kommt in **Argirades** (41,5 km ▲✕⛽). Mitten im Ort, bei einem leuchtend gelben Kiosk, biegen wir links ab und folgen der Ausschilderung ›Hotel Regina‹. Die Straße führt durch Olivenhaine hinab und durchquert ein intensiv landwirtschaftlich genutztes Becken. Inmitten der Olivenbäume gedeihen eine Vielzahl anderer Bäume, darunter Walnuß, Mispel, Feige und Judasbaum. Nach 2,5 km biegen wir an der PETRETI-ABZWEIGUNG links nach **Kouspades** (45 km ▲✕). Inmitten dieses strahlend weißen, makellosen Bilderbuchdorfes stehen uralte Häuser. Man kann neben der Abzweigung am Ortseingang parken und nach links hinaufgehen.

Abstecher: Von Kouspades aus kann man drei verschiedene Abstecher machen, um schöne Dörfer oder Picknickplätzchen zu besuchen (in den km-Angaben nicht enthalten). Man kann Korakades (***P***18b) besuchen, das 1,5 km nach rechts kommt. Die verschlafene Ansiedlung ist kurz vor dem Aussterben. Das beschauliche Picknickplätzchen liegt zwischen den verlassenen Häusern, die von Olivenhainen umgeben sind. Boukari (▲✕) ist ein schöner Küstenort an einem ruhigen Küstenabschnitt 1 km nördlich von Kouspades. Etwas weiter östlich liegt Petreti (▲✕***P***18c), ein kleines, ursprüngliches Fischerdorf mit schmalem Strand. Das Picknickplätzchen direkt südlich der

Ortschaft liegt in einer schönen Bucht am Fuße eines Olivenhains.

Die Südspitze Korfus lernt man am besten zu Fuß kennen. Die Fahrt wird hinter Argirades uninteressant, und auch Kavos hat nichts besonderes zu bieten. Kurzwanderung 21, die in Kavos beginnt, ist jedoch äußerst empfehlenswert. Sie führt in einen abgeschiedenen Winkel im Süden Korfus; siehe das Foto auf Seite 126. Der Routenverlauf ist einfach: Wir folgen der Hauptstraße durch **Perivoli** (54,5 km ☗✕⛽), wo die Wanderungen 18 und 20 enden. Dann biegen wir (58,5 km) nach **Lefkimmi** ab (61 km ☗✕⛽⊕), der größten Ortschaft im Süden. Die vernachlässigte Ansiedlung besteht tatsächlich aus drei ineinander übergehenden Dörfern (Ano Lefkimmi, Lefkimmi und Potami). Man kann dieses ausufernde Bauerndorf zwar umfahren, aber ein Abstecher ist durchaus lohnend, solange man sich nicht im verwirrenden System der Einbahnstraßen verfährt. Wer Vögel beobachten möchte, sollte die Sümpfe und Salinen am Kap Lefkimmi bei Alikes besuchen. Nachdem wir die schöne Potamos-Mündung überquert haben, fahren wir geradeaus weiter. (Eine Linksabzweigung direkt hinter der Brücke würde jedoch am Fluss entlang nach knapp 2 km zu einem ruhigen Strand führen.)

Wir fahren durch **Kavos** (66 km ☗☗☗✕⊕), bis wir am Ende des Ferienortes eine Querstraße erreichen, an der links ein Wegweiser nach Korfu-Stadt steht. Wir halten uns hier rechts und überqueren sogleich ein Brückchen. Etwa 200 m danach

Der Mündungsbereich des Potamos in Lefkimmi

biegen wir rechts nach Spartera. (Falls man jedoch Kurzwanderung 21 zu den Ruinen des Klosters Panagia machen möchte, hält man sich hier *links*. Nach 100 m biegt man rechts auf einen Schotterweg ab und lässt hier das Auto stehen. Siehe dann die Beschreibung auf Seite 125.)

Hinter **Spartera** (70 km ✕📷) schlängelt sich die Straße zwischen den Bergen dahin und führt durch kleine Bauerndörfer: **Dragotina**, **Neochori, Bastatika** (an der Verzweigung im Dorf links halten, nach Paleochori beschildert), **Paleochori** (✕; an der Verzweigung rechts halten) und **Kritika** (die erste Rechtsabzweigung im Ort nehmen, in Richtung Lefkimmi). Südlich von Lefkimmi stoßen wir (79 km ⛽) auf die STRASSE NACH KORFU-STADT.

Wir fahren hier links weiter, kehren nach **Ano Messongi** zurück und biegen direkt hinter der Tankstelle (96,5 km) links nach Ag Mattheos. Nach 2,5 km biegen wir links zur byzantinischen Festung Gardiki ab. Nach knapp 1 km halten wir uns an einer Verzweigung links. Bald erhebt sich vor uns auf einem Hügel eine beeindruckende Festungsmauer mit Torturm. Nur noch die achteckige Außenmauer mit ihren acht Türmen steht von der **Festung Gardiki** (♜ 13. Jh.). Wanderung 20 und Kurzwanderung 20-1 beginnen hier. Wir fahren hinter der Festung weiter und nehmen dann die erste Linksabzweigung (102 km) nach **Mesavrisi** (⛪✕*P*20a) und zur **Korission-Lagune** (700 m weiter auf einer holprigen Staubpiste).

Wir fahren um das Ende dieser seichten Lagune und erreichen den Strand. Ein Damm aus grasbewachsenen Dünen trennt die Lagune vom offenen Meer. Die schlichte Schönheit dieser Lagune und der umliegenden Landschaft mit Schilfrohr, Feldern und vereinzelten Häusern bietet ein ganz anderes Bild als die mit Olivenbäumen bestandenen Hänge, die für Korfu sonst typisch sind. In der Lagune werden Meeräschen gezüchtet, aus deren Rogen man *taramasalata* macht. Eine lohnenswerte und leichte Wanderung (Wanderung 20) führt entlang der Dünen an der malerisch gelegenen Fischzucht vorbei und über den Kanal, der die Lagune mit dem Meer verbindet (Foto auf Seite 120), bis nach Ag Georgios.

Pflanzenliebhaber können hier Stunden verbringen und Orchideen, Farbiges Leimkraut, Meersenf, Stranddistel, Strand-Schneeklee und die Schneeweiße Strandfilzblume entdecken. Im Winter und Frühjahr gibt es hier viele Vögel, doch schwindet ihre Zahl im Sommer. Im Winter kann man Stock- und Krickenten sowie viele Watvögel sehen, darunter Löffel-, Spieß- und Pfeifenten sowie Mornellregenpfeifer. Im Frühling gesellen sich noch weitere Arten hinzu: Säbelschnäbler, ganz selten auch Sichler, Stelzenläufer und kleine Watvögel wie der Austernfischer, Triel, Silber-, Grau-, Purpur- und Rallenreiher... sowie Kormorane, Möwen und Seeschwalben. Mit etwas Glück sieht man auch die Seeschwalbenart *Chlidonias leucopterus*.

Wir kehren zur Festung Gardiki zurück und biegen direkt

Wanderung 18 und 20: Heumieten bei Perivoli

dahinter nach links zum Proussadi-Strand. Es geht nun am Fuße des Ag Mattheos entlang. Auf den sanft abfallenden Berghängen stehen wunderschöne alte Olivenbäume; stattliche Exemplare beugen sich über die Straße. Links zweigen schmale Staubsträßchen ab, die zu schönen Buchten führen, darunter **Skidi** und **Proussadi** (☗✕). Wir halten uns rechts, wo eine Straße links nach Paramona (☗☗☗✕) führt.

Es geht durch einen EngPass in den Bergen zum Ortsrand von **Ag Mattheos** (114,5 km ☗✕), einem ausufernden Bergdorf. Von rechts mündet eine Straße ein. An der folgenden Verzweigung biegen wir links nach Korfu-Stadt. Falls man jedoch noch reichlich Zeit hat, empfiehlt sich der anspruchsvolle Aufstieg zum Berg Ag Mattheos (Wanderung 19). Rechts oben liegt die Dorfmitte, wo man parken kann.

Die Fahrt führt durch eine Landschaft mit bemosten Olivenhainen und Zypressenbeständen bergab. Dann geht es kurz über eine kurvenreiche Straße zu dem Bergdorf **Vouniatades** hinauf (117 km), das das Tal von Messongi überblickt. Wir fahren in diese weite Niederung hinab; im Herbst blüht die Heide rosarot, im Frühling die süßduftende Myrte. Ringsum erheben sich Berge, und Dörfer liegen an den bewaldeten Hängen.

An der STRASSENVERZWEIGUNG NACH KATO GAROUNA (120,5 km) fahren wir rechts weiter. In **Ag Theodori** (✕) schließen wir uns Autotour 3 ab der 93,5 km-Stelle an (Seite 34), um nach **Korfu-Stadt** zurückzukehren (144 km).

Wandern

Nur wenige Touristen ahnen, was Korfu Wanderern alles zu bieten hat. Dieses Buch enthält genügend Wanderungen, um auch die ambitioniertesten Wanderer einen ganzen Monat lang auf Trab zu halten. Für weniger erfahrene Wanderer ist Korfu gleichermaßen ideal: Die Landschaft ist so bezaubernd, dass man bald vom Wandern nicht mehr lassen kann. Für alle Wanderungen ist der **Schwierigkeitsgrad** angegeben; die Spannweite reicht von **leicht bis anspruchsvoll**. Ein Großteil der Wanderungen — zumindest die jeweilige Kurzversion oder Variante — ist für **Anfänger** und **Spaziergänger** geeignet. Wenn man lediglich Spaziergänge machen möchte, braucht man sich nur die Picknickvorschläge auf den Seiten 10-16 anzusehen. **Wanderprofis** sollten sich das Bergland des Pantokrator vornehmen; hier ist gute Kondition gefordert! Obwohl ein Großteil der Wanderungen im Norden liegt, bietet dieses Buch eine repräsentative Auswahl aller Landschaften Korfus.

Wanderführer, Wegzeichen und Karten

Geführte Wanderungen sind nur in den Wintermonaten auf der Insel möglich, aber für alle in diesem Buch beschriebenen Wanderungen ist kein **Führer** erforderlich. Den meisten Wanderungen kann man leicht folgen; viele verlaufen auf Landsträßchen und Wegen.

Zwar gibt es einige **Wegmarkierungen**, insbesondere auf dem Corfu Trail, aber die Wanderungen dieses Buches folgen nicht markierten Strecken, es sei denn, sie verlaufen auf dem Corfu Trail. Obwohl auf manchen Abschnitten der Wanderungen Wegzeichen zu sehen sind (vor allem Farbkleckse), sollte man **unbedingt der Wegbeschreibung dieses Buches folgen**.

Das beste Kartenblatt von Korfu, sowohl zum Wandern als auch zum Auto fahren, ist die Road Editions Map 301. Der Maßstab (1:70.000) ist zwar etwas klein zum Wandern, aber die meisten Straßen und Wege sind genau verzeichnet. Es lohnt, sich diese Karte vor Reisebeginn zu besorgen, da sie auf Korfu nicht ganz leicht zu finden ist.

Ausrüstung

Wenn man bereits auf Korfu ist und dieses Buch erst dort erwirbt, und wenn man keine besondere Ausrüstung wie Rucksack oder Wanderstiefel bei sich hat, kann man dennoch einige Wanderungen unternehmen oder sich die fehlende Ausrüstung in einem Sportgeschäft in Korfu-Stadt kaufen. Für jede Wanderung ist die zu jeder Jahreszeit notwendig Mindestausrüstung angegeben. Falls Wanderstiefel erforderlich sind, gibt es hierfür leider keine Alternative; Knöchelschutz und rutschfeste Profilsohlen sind unbedingt erforderlich, und auch wasserdicht sollten sie sein. Folgende Liste von Ausrüstungsgegenständen könnte von Nutzen sein:

Wanderschuhe (oder festes Schuhwerk mit rutschfester Sohle)
Regenschutz (außerhalb der Sommermonate)
langärmeliges Hemd (Sonnenschutz)
Bandagen und Heftpflaster
Plastikteller, -becher, etc.
Windjacke (mit Reißverschluss)
Sonnenbrille
Sonnenhut
Sonnencreme
zusätzliches Paar (langer) Socken
Trillerpfeife
Taschenlampe
gültiger Fahrplan
Ersatzschnürsenkel
Plastikflasche mit ausreichend Trinkwasser
lange Hose, eng am Knöchel anliegend (Sonnen- und Zeckenschutz)
Insektenmittel
Desinfektionssalbe
Messer und Öffner
Vlies
Isolier-Sitzkissen
Tagesrucksack
Handy (**die Notrufnummer in Europa ist 112**)

Natürlich hat unser Autor nicht jede beschriebene Wanderung unter *allen* Wetterbedingungen durchgeführt. Deshalb wurde unter ›Ausrüstung‹ alles aufgeführt, was man eventuell brauchen könnte. Selbstverständlich ist die Ausrüstung den jeweiligen Gegebenheiten anzupassen. Schützen Sie sich vor der Sonne und einem zu starken Flüssigkeitsverlust. Mit der Sonne im Rücken kann man sich beim Wandern unbemerkt den Nacken und die Waden stark verbrennen. Nehmen Sie **immer** ein langärmeliges Hemd und eine lange Hose mit auf die Wanderung; ziehen Sie sie an, wenn Sie genug Sonne bekommen haben, und **tragen Sie stets einen Sonnenhut**. Machen Sie Ihre Mittagsrast im Schatten, und nehmen Sie stets reichlich Getränke und Obst mit.

Unterkunft

Wenn man einen ausgesprochenen Wanderurlaub plant, sollte man möglichst in Korfu-Stadt untergebracht sein, denn alle Busse fahren hier ab. Die zweitbesten Ausgangsquartiere (hinsichtlich der öffentlichen Verkehrsmittel) liegen an der touristischen Ostküste zwischen Benitses und Ipsos: Perama, Kanoni, Kontokali, Gouvia. Potamos, ebenfalls verkehrsmäßig günstig, liegt weit von der Küste entfernt und abseits der Touristenzentren. Wenn man in Kassiopi, Nissaki, Paleokastritsa, Ag Gordis oder Kavos untergebracht ist, kann man eigentlich nur Spaziergänge unternehmen, vor allem außerhalb der Saison, wenn es nicht so viele Busverbindungen gibt.

Durch einen Leihwagen ist man flexibel in der Wahl seines Urlaubsquartiers und kann sich auch für abgelegenere Orte entscheiden. Aber ein Leihwagen hat auch seine Nachteile: Häufig muss man denselben Weg zum Auto zurückwandern. Bei einigen Wanderungen kann ein Auto in Verbindung mit den

Bussen benutzt werden; man kann auch ein Taxi bestellen oder sich durch Freunde zum eigenen Fahrzeug zurückbringen lassen. Man könnte sich auch ein Moped leihen; dies ist eine preiswerte Möglichkeit, die ganze Insel kennenzulernen. Außerhalb der Hochsaison findet man leicht Unterkunft (einfach in der örtlichen Taverne oder im Kafeneion nachfragen), und es macht Spaß, während zwei- oder dreitägiger Wanderungen in verschiedenen Dörfern zu übernachten.

Wetter

April bis Juni und September bis Oktober sind die besten Wandermonate auf Korfu. Im Juli und August ist es mit Temperaturen über 30°C heiß und schwül; der beliebteste Weg in dieser Jahreszeit ist der zum Strand.

Der Frühling kündigt sich im April mit wärmenden Sonnenstrahlen und einem Meer von Wildblumen an, aber es gibt gelegentlich noch Regen. Im Juni hat ein regnerischer Tag schon Seltenheitswert; im Juli oder August wäre er ein wahres Wunder. Gegen Ende September wird die Luft wieder etwas frischer, und es gibt gelegentlich Gewitter. Im Oktober braucht man schon ein Vlies, und gegen Ende des Monats bringen die Wolken Regen mit sich. Diese Jahreszeit eignet sich nicht für einen Urlaub am Strand, aber der dunstfreie blaue Himmel und die saftig grünen Felder, bedeckt mit leuchtenden Herbstblumen, laden zum Wandern ein.

Im Sommer herrscht der *maestros* vor, ein starker Wind aus Nordwest, der die Luft an heißen Tagen ein wenig abkühlt und für etwas angenehmere Nächte sorgt. Dieser böige Wind kann einige Tage anhalten. Weniger häufig ist der *pounentes*, eine schwache westliche Brise. Ein Wind, der manchmal Schwierigkeiten bereitet, ist der *sirocco* — eine heiße, schwüle und unangenehme Südostströmung, die kurzzeitig zwischen Juli und August auftritt. Der *sirocco* geht mit dunstigem Himmel einher. Zum Glück weht er nicht in jedem Jahr.

Im Winter herrscht der *ostria* vor, ein feuchter, milder Wind aus dem Süden. Am kältesten ist es im Januar und Februar; die Temperaturen können dann stark abfallen (vor allem, wenn der *sirocco levante* aus Ostsüdost über die schneebedeckten Epirus-Berge weht und stürmisches Wetter bringt). Der scharfe und kühle *levante* sorgt im Winter für ideales Wanderwetter und klare, sonnige Tage.

Außerhalb der Sommermonate (Mitte Juni bis Mitte September) sollte man sich stets auf wechselhaftes Wetter einstellen.

Hunde, Schlangen und Insekten

Im allgemeinen bereiten **Hunde** keine Schwierigkeiten. Auf Stellen, wo man sich vor aggressiven Hunden in Acht nehmen muss, wird im Text hingewiesen. Hirtenhunde werden unangenehm und bellen recht laut, sobald man ihren Herden zu nahe kommt, aber meistens drohen sie nur. Falls man sich vor Hunden fürchtet, sollte man die Anschaffung eines ›Dog-Dazer‹ in Erwägung ziehen. Dieses Ultraschall-Hundeabwehrgerät lässt aggressive Hunde zurückschrecken, ohne sie zu verletzen. Bestellmöglichkeit über Sunflower Books (www.sunflowerbooks.co.uk).

Schlangen sind auf Korfu ein größeres Problem. Zum Glück gibt es nur zwei giftige Schlangenarten — die Hornviper und *Monpelon monspessulanus.* Die Hornviper ist durch ihr Nasenhorn und das Zickzackmuster auf dem Rücken leicht erkennbar; sie ist gefährlich, da sie nicht die Flucht ergreift! Alle anderen Schlangen fürchten sich vor Menschen genauso sehr wie umgekehrt. *Monpelon monspessulanus* ist dunkelgrau bis schwarz gefärbt und bei weitem nicht so gefährlich wie die Hornviper. Ihre Giftzähne sitzen auf der Rückseite des Oberkiefers, und sofern sie nicht richtig zubeißen kann (was kaum möglich sein dürfte, wenn man auf sie tritt), kann sie ihr Gift nicht einspritzen. Die größte Schlange, die man zu Gesicht bekommen kann, ist eine harmlose, phlegmatische Schlange mit vier Strichen; sie kann bis zu zweieinhalb Meter lang werden. Die Schlangen sind im Mai und Juni besonders aktiv, weniger im September/Oktober. Wenn man durch hohes Gras wandert, *sollte man stets lange Hosen, Strümpfe und Schuhe oder Wanderstiefel tragen —* ***niemals*** *Sandalen.* Mit einem langen Stock kann man ins Gras schlagen. Während der heißen Sommermonate sollte man vor allem in der Nähe von Quellen, Brunnen und anderen Wasserstellen besonders vorsichtig sein.

Skorpione sind nachtaktive Tiere. Tagsüber findet man sie nur, wenn man Hölzer oder Steine wegschiebt. Hier ist also Vorsicht angebracht. Der Biß eines Skorpions ist zwar nicht lebensgefährlich, aber doch recht schmerzhaft.

Bienen und **Wespen** gibt es im Sommer in großer Zahl, vor allem in der Nähe von Wasser. Allen Wasserstellen sollte man sich daher mit Vorsicht nähern. Wenn man gegen Bienen- und Wespenstiche allergisch ist, sollte man die nötigen Medikamente mit sich führen.

Am lästigsten (aber nur im Hochsommer) sind die **Bremsen**. Diese aufdringlichen Stechinsekten abzuwimmeln, ist manchmal anstrengender als die ganze Wanderung. Am besten trägt man lange Hosen und ein langärmeliges Hemd. Lange Strümpfe schützen vor **Zecken**.

Man wird auch vielen **Jägern** begegnen oder sie zumindest hören. Sie schießen auf alles, was sich in der Landschaft bewegt. Man sollte durch einen Ruf auf sich aufmerksam machen, falls Jäger in der Nähe sind.

Das **Trinkwasser** aus den Dorfbrunnen ist sauber, aber in Außengebieten sind manche Quellen durch Düngemittel verschmutzt.

Griechisch für Wanderer

In den größeren Ferienorten braucht man fast kein Griechisch zu können, aber sobald man aufs Land kommt, sind ein paar Brocken in der Landessprache hilfreich. Nachfolgend eine Möglichkeit, auf Griechisch nach dem Weg zu fragen *und die Antwort auch zu verstehen.* Man prägt sich zunächst die Schlüsselfragen (siehe unten) ein. Dann lässt man auf die Schlüsselfrage eine **zweite Frage folgen, die nur mit ja *(ne)* oder nein *(ochi)* beantwortet werden kann**. Die Griechen heben stets leicht den Kopf, wenn sie ›nein‹ sagen, was für uns fast wie ein bejahendes Nicken aussieht. (Übrigens wird ›ochi‹ (nein) wie **o**hi, **o**schi oder sogar **oj**i ausgesprochen.)

Nachfolgend die beiden häufigsten Situationen, in denen man etwas Griechisch können muss. Anstelle der Pünktchen (...) muss man den Zielort einsetzen. Für die Aussprache sollte man sich an die Einheimischen wenden; die betonten Silben sind im Ortsregister auf Seite 135 zu sehen.

▪ Fragen nach dem Weg

Die Schlüsselfragen

Deutsch	*ungefähre griechische Aussprache*
Hallo, Guten Tag, Gruß	**Hä'**ritä
Bitte — wo ist	ßaß parakal**o'** — pu **i**'nä
die Straße nach...?	o **thr**o'moß ßto...?
der Fußweg nach...?	i monop**a**'ti ßto...?
die Bushaltestelle?	i **ßta**'ßiß?
Vielen Dank.	Äfchariß**to**' pol**i**'.

Nachgestellte Fragen, die mit ›ja‹ oder ›nein‹ beantwortet werden

Deutsch	*ungefähre griechische Aussprache*
Ist es hier	**i**'nä ä**tho**'?
Ist es dort?	**i**'nä ä**ki**'?
Ist es geradeaus?	**i**'nä katäfzia'?
Ist es dahinter?	**i**'nä **pi**'so?
Ist es rechts?	**i**'nä thex**ja**'?
Ist es links?	**i**'nä arißtä**ra**'?
Ist es oberhalb?	**i**'nä äpa**no**'?
Ist es unterhalb?	**i**'nä **ka**'to?

▪ Bitte an den Taxifahrer, irgendwo hingebracht und dort wieder abgeholt zu werden bzw. Vereinbarung eines Treffpunkts, um dort abgeholt zu werden.

Deutsch	*ungefähre griechische Aussprache*
Bitte —	ßaß parakal**o**' —
Können Sie uns nach ... fahren?	tha **pa**'rä maß ßto...?
Holen Sie uns	**Ä**'la na maß par**ä**'tä
von ... (Ort) um ... (Zeit) ab	a**po**' ... ßtiß ...

(Man braucht die Uhrzeit nicht auswendig zu lernen, sondern zeigt einfach auf der Armbanduhr, wann man abgeholt werden möchte.)

Da man auf einigen Wanderungen wahrscheinlich ein Taxi braucht, kann man auch an der Hotelrezeption darum bitten, einen Fahrer mit Deutsch- oder Englischkenntnissen zu bestellen. (In den Ferienorten haben alle Taxifahrer etwas Fremdsprachenkenntnisse.) Empfehlenswert ist auch die Benutzung eines kleinen preiswerten Sprachführers. Er enthält leicht verständliche Hinweise zur Aussprache und eine gute Auswahl hilfreicher Sätze.

Vorbereitung der Wanderungen

Die 21 Hauptwanderungen dieses Buches verlaufen in vier Gebieten der Insel: in der Umgebung des Pantokrator und im Nordosten, im Nordwesten, im Inselinneren und im Süden. Zunächst kann man sich die ausfaltbare Autokarte vor der hinteren Umschlagseite ansehen. Auf einen Blick sieht man hier die gesamte Insel, das Straßennetz und die Wandergebiete mit Verweis auf die entsprechenden Detailkarten. Beim raschen Durchblättern des Buches findet man mindestens ein Foto zu jeder Wanderung.

Nachdem man anhand der Karte und der Fotos eine gewisse Vorauswahl getroffen hat, sollte man sich die organisatorischen Hinweise zu Beginn der entsprechenden Wanderungen hinsichtlich Gehzeit, Streckenlänge, Schwierigkeitsgrad, Ausrüstung und Anfahrt ansehen. Sollte eine Tour zu hohe Anforderungen stellen, so gibt es *meistens auch eine kürzere Version oder Variante*, die weniger Kondition oder Ausrüstung erfordert. Falls man immer noch nichts passendes gefunden hat, kann man die Seiten 10-16 aufschlagen: Die Picknickausflüge bieten die Möglichkeit, die besondere Landschaft einer Wanderung mit geringster Anstrengung kennenzulernen.

Am Anfang der detaillierten Wegbeschreibung kommt zunächst eine allgemeine Einleitung zur Landschaft. Die **großmaßstäblichen Karten** (allesamt 1:50.000 und natürlich genordet) zeigen das derzeitige Wegenetz und wichtige Orientierungspunkte. Für bestimmte Punkte der Wanderung ist die jeweilige Gesamtgehzeit (ohne Pausen) angegeben. Wenn man erst einmal eine Wanderung gemacht hat, kann man das eigene Gehtempo mit den angegebenen Zeiten vergleichen und weiß dann, ob man eher schneller oder langsamer wandert. Dies zu wissen ist besonders wichtig, falls man am Ende der Wanderung auf öffentliche Verkehrsmittel angewiesen ist.

Die meisten **Symbole** auf den Wanderkarten erklären sich von selbst; nachfolgend eine Legende.

Hauptstraße	Kirche, Kloster	Friedhof
Nebenstraße	Schöner Ausblick	(Schwindel-)gefahr
Sträßchen	Bushaltestelle	Garten
Fahrweg, Piste	Parkplatz	Militärgelände
Pfad oder Stufen	P Picknick (s.S. 10)	Wegweiser.Schrein
3 → Hauptwanderung	Quelle, Wassertank	Gebäude.Pferch
3 → Variante	Steinbruch	Burg
CT Corfu Trail	Fußballplatz	Seitenverweis

1 AG SPIRIDON • KAP EKATERINIS • AG SPIRIDON

Länge: 4,5 km; 1 Std. 30 Min.

Schwierigkeitsgrad: leicht, aber der Küstenpfad ist sehr felsig.

Ausrüstung: Wanderstiefel oder feste knöchelhohe Schuhe, Sonnenhut, Sonnencreme, Sonnenbrille, Badesachen, Proviant, Getränke

An- und Rückfahrt: 🚗 zum Strand oder zur Kirche von Ag Spiridon

Variante: Abzweigung Nea Perithia — Ag Spiridon — Kap Ekaterinis — Abzweigung Portes: 7 km; 2 Std. Schwierigkeitsgrad und Ausrüstung wie oben; anfänglich leichter Abstieg. 🚌 zur Abzweigung Nea Perithia/Loutses (Bus von Kassiopi nach Sidari; Fahrzeit 10 Min.). Von der Bushaltestelle geht man nach Nordosten bergab und nimmt die erste Rechtsabzweigung; nun geht es geradewegs zum Strand hinab. Dann schließt man sich der untenstehenden Wegbeschreibung an und folgt ihr bis zur 45Min-Stelle. Ab hier orientiert man sich anhand der unten abgedruckten Karte, um in 35 Min. zur Bushaltestelle an der Portes-Abzweigung zu wandern. Hier hält der 🚌 von Kassiopi nach Roda.

Diese kurze Wanderung ist für jeden geeignet, von Kindern bis zu Senioren. Falls man den felsigen Küstenpfad als zu beschwerlich empfindet, kann man auf einen Weg ausweichen, der etwas landeinwärts verläuft. Mit seiner Lagune, seinen Tideflüssen und seinen kleinen Buchten ist das Kap Ekaterinis sehr reizvoll und außerhalb der Hochsaison zudem sehr ruhig. Kiefern und Zypressen sorgen im Unterschied zu den sonst auf Korfu verbreiteten Olivenbäumen für Abwechslung.

Ausgangspunkt ist die KIRCHE in **Ag Spiridon** (dies ist das nördliche Ende des 200 km langen Corfu Trail): Wir wandern nach Westen hinter dem Hauptstrand weiter. Diese Landspitze ist herrlich unberührt, und der seichte Sandstrand ist ideal für Kinder geeignet. Hinter dem Strand liegt die **Antiniotissa-Lagune**; bald überqueren wir eine kleine Brücke, die über einen Tidefluss führt. Diese wunderschöne Landschaft mit Blick über die Lagune auf die landeinwärts gelegenen Berge ist ziemlich untypisch für Korfu. Direkt hinter der Brücke gehen wir nach

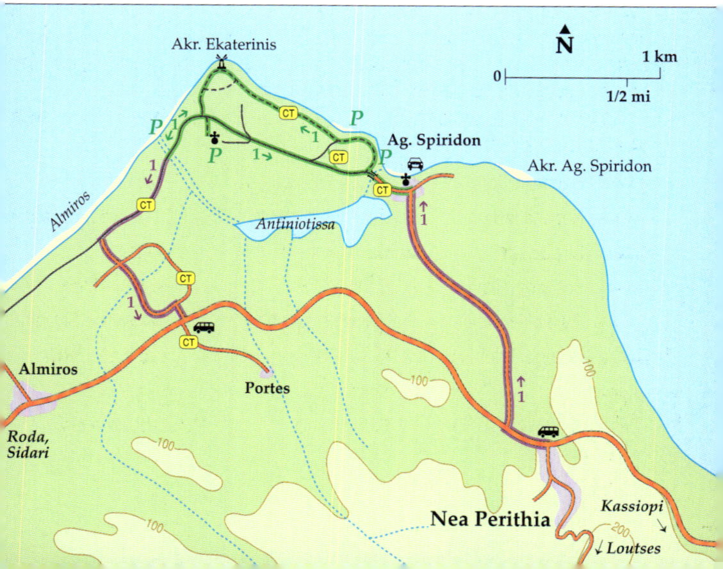

rechts hinab und wandern am Rande des Wassers entlang; dies ist der erste Ausfluss der Lagune ins Meer. (Bei Flut muss man einige Meter auf der Schotterstraße weitergehen und dann dem leicht zugewachsenen Pfad folgen, der ins Gebüsch führt; in einem allmählichen Rechtsschwenk geht es zum Ufer zurück.)

An der Küste schließen wir uns einem Pfad an, der um den Küstenvorsprung herumführt. Blaßgrünes Wasser säumt die Kalksteinküste. Wir kommen durch die erste Bucht (**20Min**; Picknick 1), doch sollte man hier nicht ins Wasser gehen: Eine Felsbank führt dicht vor der Küste quer durch die Bucht.

Blick landeinwärts vom zweiten Ausfluss der Lagune ins Meer (Picknick 1)

Am Ende des Strandes gelangen wir wieder auf den Küstenpfad. Ganz anders als die Gegend etwas weiter südlich ist die Küste hier flach und baumlos. Landeinwärts erhebt sich das Bergmassiv des Pantokrator. Jenseits der Meerenge steigt die Küste zum albanischen Bergland an. Der Pfad setzt sich entlang der Küste fort und führt an einem Leuchtfeuer an der Spitze des **Kap Ekaterinis** (**35Min**) vorbei, dem nördlichsten Punkt auf Korfu.

Terpentin-Pistazien werden an der Küste häufiger, während wir die Landspitze umrunden, und eine zweite Bucht kommt in Sicht. Von hier aus überblickt man die Küste, die in einer geschwungenen Linie zum Kap Astrakeri führt, und Roda scheint nicht besonders weit entfernt zu sein. In einer Baumgruppe weiter oben ist die Ruine eines alten Klosters erkennbar. Einige Minuten später durchqueren wir die ZWEITE BUCHT. Hier gelangen wir auf einen Weg, der uns zu einer VERZWEIGUNG führt, an der wir nach rechts biegen. Wir überschreiten eine kleine Anhöhe und blicken auf einige Steinmauern an der Küste hinab (vermutlich sollen sie den vor uns liegenden Abflusskanal schützen). Rechts liegt der schier endlos lange Sandstrand **Almiros**. Wenige Minuten später erreichen wir den zweiten Ausfluss der Lagune ins Meer (**45Min**; Foto gegenüber). Eine Fußgängerbrücke führt zum Strand Almiros hinüber; auch dies ein mögliches Plätzchen für Picknick 1. An dieser Stelle macht man auf der Hauptwanderung kehrt. *(Auf der Variante orientiert man sich nun anhand der Karte, um von hier in 35 Min. zur Bushaltestelle an der Portes-Abzweigung weiterzuwandern. Die Abzweigung liegt etwas rechts von der Stelle, wo man auf die Hauptstraße stößt.)*

Die Hauptwanderung führt von dem Ausfluss zu der Verzweigung zurück, an der wir nun geradeaus weitergehen. Knapp 100 m hinter der Verzweigung kommt rechts ein Eukalyptushain. Wir folgen dem leicht überwucherten Pfad durch den Hain, um das halbverfallene Kloster zu erkunden. In dem alten, bröckelnden Gemäuer mit seinen erodierten Stufen ist Vorsicht geboten.

Dann kehren wir zum Hauptweg zurück und folgen ihm an allen Seitenwegen vorbei nach Ag Spiridon zurück. Hinter dem Kloster ist der Weg kurz von hohen Zypressen gesäumt; dahinter liegen Kiefernreihen. Einige Minuten ist es im Schatten etwas kühler. Schließlich durchqueren wir ein offenes, baumloses und flaches Gebiet, das mit Farn bewachsen ist, und erreichen wieder **Ag Spiridon** (**1Std30Min**).

2 IMEROLIA • BODHOLAKOS • IMEROLIA

Siehe die Karte auf der Rückseite der Autokarte; siehe auch das Foto auf Seite 23

Länge: 4,25 km; 1 Std. 40 Min. (zusätzlich 40 Min. bei An-/Rückfahrt mit dem Bus von Kassiopi aus)

Schwierigkeitsgrad: mittelschwer. Auf-/Abstieg über 350 Höhenmeter.

Ausrüstung: Wanderstiefel, lange Strümpfe, Sonnenhut, Sonnencreme, Sonnenbrille, langärmeliges Hemd, Pullover, Regenzeug, Proviant, Getränke, Dog Dazer (s.S. 44)

An- und Rückfahrt: 🚗 nach Imerolia (neben der zum Meer gelegenen Seite der Straße parken, unmittelbar östlich des Dorfes) oder 🚌 nach Kassiopi. An der Bushaltestelle wendet man sich vom Dorfplatz ab und geht rechts zur Hauptstraße, der man nach rechts folgt. Die Wanderung beginnt nach 15 Minuten auf einem Pfad, der links zwischen einem Buswartehäuschen und dem ersten Haus von Imerolia (auf der linken Seite) beginnt.

Diese herrliche Wanderung in der Nähe von Kassiopi ist erstaunlich unbekannt. Es gibt hier nicht nur einen der schönsten Wanderwege Korfus, sondern die Landschaft ist im Frühling ein einziger bunter Blütengarten. Überall gedeihen Blumen am Wegesrand. Neben den schönen Ausblicken sehen wir auf dieser Tour auch einen verlassenen Weiler und eine entlegene Hirtenunterkunft. Diese kurze Wanderung empfiehlt sich für die kühlen Abendstunden, wenn das Licht am schönsten ist.

Ausgangspunkt ist das Dorf **Imerolia**. Wir gehen einen steinigen Weg hinauf, der in das Tal hinter dem Dorf führt; die Route beginnt neben dem Buswartehäuschen. Nach einer Minute - nach einer Geflügelfarm - biegen wir links ab (der Weg setzt sich über ein Bachbett hinweg fort) und gehen einen Pfad hinauf. Der Pfad ist von einer Vielzahl bunter Blumen gesäumt (Picknick 2). Die saftgrüne Talsohle ist dicht mit Bäumen bestanden; beiderseits steigen die Talwände steil an. Der Pfad überquert das Bachbett (**5Min**) und verläuft entlang des Weges, ehe er steiler auf der linken Talseite ansteigt. Dann führt er gemächlich bergab, verläuft tunnelartig unter schattigen Bäumen hindurch und überquert erneut das Bachbett. Eine Minute später (**15Min**) nehmen wir den vielbegangenen steinigen Pfad, der rechts steil ansteigt. Ein anstrengender Aufstieg liegt vor uns. Nach wenigen Minuten kommen wir durch ein kleines Wäldchen aus Kermeseichen; der Pfad steigt in Kehren an. Unmittelbar danach gehen wir an einer Rechtsabzweigung vorbei.

Nach ein paar Minuten verflacht sich der Pfad; links kommen die Überreste eines STEINPFERCHES. Der Pfad verzweigt sich von Zeit zu Zeit, führt aber jeweils rasch wieder zusammen. Im oberen Talbereich (etwa fünf Minuten nach dem Pferch) verlassen wir die Talsohle und wandern links die niedrige Anhöhe empor. Dabei lassen wir den rechten Pfad unbeachtet, der zu einem Brunnen unterhalb eines von einer Mauer umgebenen Olivenhains führt. Es gibt hier verwirrend viele

Viehpfade, aber wenn man im Bogen nach links wandert, befindet man sich binnen einer Minute rechts von einem OLIVENHAIN, der hinter Steinmauern liegt. Wir wandern nach rechts bergauf an der Mauer entlang und gehen an allen Pfaden vorbei, die rechts abzweigen.

Am Ende der Mauer kraxeln wir über einige große Steine, um auf einen Feldweg zu gelangen, dem wir nach links zum großen Gehöft folgen. Es gehört zu der winzigen, entlegenen Ansiedlung **Bodholakos** (**45Min**). Dieser Weiler ist nicht mehr bewohnt, aber es gibt gepflegte Äcker und Hühnerställe. Die alten Häuser dienen jetzt als Viehställe. Wir gehen links am Haus vorbei den Pfad weiter hinauf und erblicken dahinter ein ebenso großes Gehöft. Dazwischen steht eine wunderschöne große Eiche, unter der man sich niederlassen und die friedvolle Umgebung mit ihrem herrlichen Ausblick in Ruhe genießen kann. (Die beste Aussicht hat man jedoch fünf Minuten weiter bergauf.)

Um die Wanderung fortzusetzen, schauen wir auf dieses ZWEITE HAUS. Wenige Meter rechts davon befinden sich ein Hühnerstall und ein kleiner Schuppen. Zwischen Stall und Schuppen erhebt sich auf dem vor uns liegenden Hang eine große Felsgruppe — unser Ziel. Wir folgen dem Pfad, der rechts von dem kleinen Schuppen ansteigt, und wandern geradewegs auf die rechte Seite der Felsgruppe zu. Der Pfad schwenkt dann nach links und steigt über die FELSGRUPPE an (**50Min**). Hier machen wir einen Moment Pause und genießen den herrlichen Ausblick, der vor uns liegt; im Hintergrund erheben sich die kahlen Berge Albaniens. Direkt unterhalb von uns sehen wir einen Zipfel von Kassiopi; rechts liegt die Bucht von Avlaki, und dahinter der fast versteckte Butrintosee in Albanien. Es ist Entspannung pur, wenn man sich hier bei schwächer werdender Sonne bis in den späten Abend hinein niederlässt.

Anschließend gehen wir zu dem unteren Bauernhaus hinab zurück. Nun genießen wir das gemütliche Wandern auf dem sanft bergab führenden Weg mit herrlicher Aussicht vor uns. Wir gehen an unserer Aufstiegsroute (rechts) vorbei und erreichen fünf Minuten später (eventuell muss man unterwegs einen über den Weg gespannten Weidezaun losmachen und wieder schließen) ein einsames Bauernhaus zur Linken. Dies ist der einzige Überrest von **Kato Bodholakos.** ***Achtung!*** An dieser Stelle ist Vorsicht vor frei laufenden Wachhunden geboten; einer von ihnen ist außerordentlich aggressiv und man sollte — sofern vorhanden - den Dog Dazer griffbereit haben.

Wir gehen den Weg weiter hinab; rechts unten öffnet sich ein schöner Blick auf Kassiopi. In der Landschaft fallen Überreste von Steinmauern auf und der Hang ist im Frühjahr ein einziges Blütenmeer. Nach weiterem Abstieg fällt der Blick nach Albanien hinüber, dessen kahle, trockene Berge in der Ferne erkennbar sind.

Etwa 15 Minuten nach dem Bauernhaus – am Ende einer

Bodholakos

Zickzackkurve — mündet von rechts ein Nebenweg ein. Wir biegen auf diesen Nebenweg ab. Nach ein oder zwei Minuten endet der Weg an einem Tierpferch, dessen Eingang mit einem Metallzaun verschlossen ist. Wir gehen *nicht* durch dieses behelfsmäßige Tor, sondern laufen scharf links einen ziemlich unscheinbaren und eventuell zugewachsenen Pfad hinab; dabei halten wir uns dicht an einem rostigen Metallzaun auf der rechten Seite. Der Pfad sieht zwar wenig vielversprechend aus, ist aber unser Weg zurück nach Imerolia.

Wir folgen stets dem bergabführenden Pfad, der zwar stellenweise etwas zugewachsen, aber stets erkennbar ist. Bald sehen wir unten das große Gebäude der Kassiopi High School und einen betonierten Verladekai am kleinen Hafen von Imerolia. Der Pfad führt nun in Kehren bergab, verläuft dann kurz durch hohes Gesträuch und mündet in ein Betonsträßchen. Wir gehen links bergab weiter, um nach knapp einer Minute wieder die Hauptstraße in **Imerolia** zu erreichen (**1Std40Min**). Ein kurzes Stückchen nach Osten setzt sich unser Pfad fort, der uns zum Auto zurückführt. Falls man jedoch mit dem Bus angefahren ist, folgt man der Straße ostwärts in etwa 20 Minuten nach Kassiopi zurück.

3 NISSAKI • ROU • PORTA • VIGLA • KOULOURA

Siehe die Karte auf der Rückseite der Autokarte

Länge: 8,6 km; 3 Std. 10 Min.

Schwierigkeitsgrad: ziemlich anstrengend. Stetiger Aufstieg über 350 Höhenmeter während der ersten 1 Std. 15 Min.; steiler 30-minütiger Abstieg (bei Nässe rutschig) bis auf Meereshöhe am Ende.

Ausrüstung: Wanderstiefel oder feste knöchelhohe Schuhe mit Profilsohle, Sonnenhut, Sonnencreme, Sonnenbrille, langärmeliges Hemd, lange Hose, Vlies, Regenzeug, Badesachen, Proviant, Getränke

Anfahrt: 🚌 nach Garnelatika, Nissakis östlichstem Weiler; aussteigen am Tor zum Magic Life der Club Corfu (leicht zu übersehen, aber alle Busfahrer wissen Bescheid); Fahrzeit 45 Min. 🚗 Parken in Nissaki ist schwierig. Vorsichtig neben der Hauptstraße parken und darauf achten, dass man nicht die Sicht oder Zufahrten behindert.
Rückfahrt: 🚌 von der Verzweigung Kouloura/Kalami zurück nach Korfu-Stadt (Fahrzeit 55 Min.) oder zurück zum Auto in Nissaki (Fahrzeit 15 Min.)

Variante: Nissaki — Rou — Porta — Vigla — Kouloura — Kalami — Kaminaki — Nissaki: 14,2 km; 4.20 Std. Schwierigkeitsgrad bis Kouloura wie bei der Hauptwanderung, dann einfach. Anfahrt und Ausrüstung wie bei der Hauptwanderung. *Eine ausgezeichnete Rundwanderung für motorisierte Urlauber.* Man folgt der Hauptwanderung bis Kouloura (3Std). Nach einer Pause geht man die Straße entlang der Landspitze zum Kalami-Strand. Am Ende des Strandes kommt man an dem weißen Haus vorbei, wo Lawrence Durrell einst *Prospero's Cell* schrieb. Man folgt der Straße hangaufwärts, biegt dann links auf ein Betonsträßchen und geht einen Pfad hinab, um die schöne Bucht zu erreichen (Picknick 4b). Ab hier geht man entlang der Küste in umgekehrter Richtung des ersten Teils von Wanderung 4. Man folgt dem Küstenpfad bis Kaminaki und geht dann die steile Betonstraße hinauf, die zur Hauptküstenstraße führt. Entweder nimmt man hier einen Bus, um nach Korfu-Stadt zurückzufahren, oder man folgt der Straße nach links zurück zum Auto in Garnelatika (15 Min.).

Diese kurze Wanderung ist gut mit gelben Farbpunkten und Pfeilen markiert und damit die ideale Einstiegstour auf Korfu. Durch Olivenhaine wandern wir weit oberhalb der Felsküste von Nissaki hinauf, bis wir die wild durcheinander wachsenden Bäume und Sträucher erreichen, die stellenweise die zerklüftete Landschaft bedecken. Ringsum bieten sich herrliche Ausblicke. Eingebettet am Rande dieser Berge liegt der bezaubernde Weiler Rou; in der fast verlassenen Ansiedlung lebt nur noch ein Ehepaar. Dann lassen wir die abgeschiedenen Berge wieder hinter uns und wandern zu Tal. Das geheimnisvolle Albanien liegt verlockend nahe; nur drei Kilometer ist die Meerenge breit.

Die Wanderung beginnt auf der gegenüberliegenden Straßenseite vom Tor zum MAGIC LIFE DER CLUB CORFU: wir steigen rechts von einem Privathaus die Stufen empor. Nach einer Minute Anstieg, unmittelbar hinter einem Strommast (links), führt der gepflasterte Weg nach rechts empor. Sogleich biegen wir wiederum nach rechts und überqueren zwei

Wasserrohre. Nach einigen Metern biegen wir nach links und folgen dem gepflasterten Weg bergauf; es geht dicht an der linken Seite eines Hauses vorbei. Etwa 100 m weiter heißt es *aufgepaßt:* Wir biegen rechts auf einen unscheinbaren Pfad ab, der stetig ansteigt und dann deutlicher wird. Wenige Minuten später halten wir uns an einer Verzweigung links und gehen einen Pfad zwischen Steinmauern empor. Nach einer Minute

Dieser zauberhafte Anblick begrüßte einst Wanderer am Ortseingang von Katavolos. Diese alten marmorartigen Säulen, die zweifellos von dem nahen Steinbruch stammten, wurden zwischenzeitlich durch häßliche Betonstützen ersetzt.

wandern wir bei einem Wassertank aus Beton an dem rechts abzweigenden Pfad vorbei weiter bergauf (Picknick 3). Nach einer Minute, bei einem betonierten Wassertank, lassen wir einen Pfad nach rechts (ein Teil des Corfu Trail) unbeachtet. Nach weiteren drei Minuten kommt unser nächster Orientierungspunkt: ein Gehöft in einem Olivenhain auf der rechten Seite, neben dem ein einzelner Strommast steht. 40 m hinter dem Gebäude und Strommast wenden wir uns an der Verzweigung nach rechts.

Wir gelangen auf ein schmales TEER/BETONSTRÄSSCHEN (**35Min**), folgen ihm nach rechts bergauf und kommen in den Weiler **Katavolos**. Wir wandern zwischen den Häusern empor und haben Ausblicke auf Albanien und die Ipsos-Bucht; dahinter liegt Korfu-Stadt. Aber die schönsten Ausblicke liegen noch vor uns. Bei den letzten Häusern gelangen wir wieder auf die Straße und folgen ihr stetig bergauf. Der Fahrbahnbelag wird zu Beton. Nach wenigen Minuten verzweigt sich die Straße; wir gehen nach rechts bergab. Dieses Betonsträßchen steigt bald sanft an und setzt sich dann als Stein- und Erdweg fort; schließlich haben wir einen freien Blick auf Albanien. Niedrige, graue Berge gehen in eine hohe, violette Steilwand über. Hinter den Bergen kündigt ein blaues Schimmern den Butrinto-Binnensee an. Eine ungleichmäßige grüne Ebene tief in den Bergen weist auf Menschenhand hin.

Wir wandern um den Hang, und Porta kommt in Sichtweite, das verstreut auf dem gegenüberliegenden Bergrücken liegt. Bald taucht Rou auf, unser nächstes Ziel; die Ziegeldächer schimmern zwischen den Bäumen und Bäumen hindurch auf der nahen Anhöhe. Wir passieren einen STEINBRUCH (**1Std 15Min**). Der hier gebrochene Stein sieht zwar wie Marmor aus, ist aber viel weicher. Direkt hinter dem Steinbruch gehen wir links einen Weg nach **Rou** hinauf, das auf einer Anhöhe liegt. Gleich hinter einem Hügel und nach den ersten Behausungen biegt der Weg gegenüber dem einzig bewohnten Haus* scharf nach links. Wenn man Rou erkunden möchte, geht man geradeaus auf einem breiten, grasigen Pfad weiter. Die alten Dorfhäuser, einige mit offenen Veranden, stehen rechts aufgereiht.

Wir setzen die Wanderung mit dem Rücken zu dem bewohnten Haus fort und gehen den breiten Weg vor uns hinab. Nach gut einer Minute biegen wir an einer Wegverzweigung nach links, leicht bergauf. Wir werden diesem Weg bis nach Porta folgen, das wir vor uns erkennen, während wir um die Talseite wandern. Der Weg mündet in die Asphaltstraße und wir gehen rechts (Wanderung 5 biegt hier nach links) nach **Porta** (**1Std50Min**). Auf der Hauptstraße laufen wir durch das Dorf. Eventuell ist ein Café geöffnet, aber am Nachmittag ist das Dorf in tiefem Schlummer.

*Die Eigentümer dieses Hauses, David und Moira Baker bieten Erfrischungen an; ›Landschaften‹-Freunde sind herzlich willkommen.

Beim verlassen des Dorfes liegt Albanien direkt vor uns, und man hat das Gefühl, hinüberschwimmen zu können. Nach fünf Minuten gehen wir links am zweiten Buswartehäuschen vorbei. Etwa 60 m danach biegen wir rechts auf eine betonierte Zufahrt, die eine Straßenbiegung abkürzt. Nach nur 8 m gehen wir links eine andere betonierte Zufahrt hinab (unbeschildert). Nach etwa 80 m bergab, wo sie nach links zu einem Haus biegt, folgen wir dem Pfad neben einem Drahtzaun auf der rechten Seite. Der Pfad führt direkt bergab, dicht an einem angeleinten Hund vorbei, und mündet in ein Betonsträßchen, dem wir nach links bergab folgen. Nach knapp zwei Minuten wandern wir in einer Rechtsbiegung geradeaus weiter und kommen wieder auf den linken Pfad.

Wir erreichen **Vigla** (**2Std05Min**) und gelangen auf eine betonierte Zufahrt, die wir nach links hinabgehen. Sogleich stoßen wir auf eine Querstraße und marschieren rechts weiter (bei einem Kafeneion). Bitte daran denken, dass Cafés normalerweise zwischen 14 und 17 Uhr geschlossen sind und man somit in dieser Zeit keine Getränke bekommen kann. Während der nächsten drei Minuten folgen wir der Straße. Die dritte betonierte Zufahrt, die rechts abzweigt, laufen wir hinunter. Wir gehen an dem Haus (rechts) vorbei und wandern direkt bergab; dabei halten wir uns rechts von einer Steinmauer. Im Frühjahr ist der Pfad eventuell zugewachsen, aber er wird bald deutlicher und die alte Pflasterung tritt in Erscheinung. Der Hang ist sehr steil, und man kann leicht ausrutschen. Zwischen den Olivenbäumen taucht wieder die Kalami-Bucht auf; das grünblaue Meer ist verlockend. Wir kommen auf der Betonzufahrt der Villa Nicos heraus. Wir überqueren das Sträßchen (das Eingangstor der Villa liegt direkt rechts) und gehen steil einen Pfad hinab; an der Verzweigung, die sogleich kommt, halten wir uns links. Dann gehen wir rechts einen Pfad unmittelbar nach dem Swimmingpool hinab. Sogleich biegt der Pfad nach rechts und schlängelt sich zwischen Ölbäumen bergab. Einige Häuser stehen verstreut am Hang. Der Pfad führt bergab; auf der linken Seite verläuft ein galvanisiertes Wasserrohr. Wir gelangen auf eine Betonstraße und folgen ihr über offene Wiesenhänge bergab. Der Blick fällt auf die romantische kleine Kouloura-Bucht, die am Rande einer Landzunge liegt.

Wir erreichen die STRASSE NACH KASSIOPI und gehen rechts weiter. An der ABZWEIGUNG KOULOURA/KALAMI halten wir uns links. Nach drei Minuten gehen wir links einen Pfad hinab. Rasch ist die Bucht **Kouloura** erreicht (**3Std**). Nach einer Rast und vielleicht einem Bad im Meer kehren wir auf demselben Weg zu der Abzweigung an der HAUPTSTRASSE zurück (**3Std 10Min**), um hier auf den Bus zu warten. Oder man folgt der Variante zurück nach Nissaki.

4 NISSAKI • KALAMI • KOULOURA • KERASIA-STRAND• AG STEFANOS • KENDROMADI

Siehe die Karte auf der Rückseite der Autokarte

Länge: 12,0 km; 3 Std. 50 Min.

Schwierigkeitsgrad: leicht bis zur Kouloura-Bucht. Danach kommen einige unangenehme Abschnitte mit Schwindelgefahr. Vorsicht: Der Abstecher zur Kapelle Ag Arsenious ist steil und unwegsam. Knapp 100 Höhenmeter Aufstieg. Hinter Ag Stefanos geht man auf einer Straße.

Ausrüstung: Wanderstiefel oder feste knöchelhohe Schuhe mit Profilsohle, Sonnenhut, Sonnencreme, Sonnenbrille, langärmeliges Hemd, lange Hose, Regenzeug, Badesachen, Proviant, Getränke

Anfahrt: 🚌 oder 🚗 nach Kaminaki; vorsichtig aussteigen/parken am Straßenrand an der Bushaltestelle zum Kaminaki-Strand (Busfahrzeit 45 Min.).
Rückfahrt: 🚌 von Kendromadi — entweder zurück nach Korfu-Stadt (Fahrzeit 1 Std.) oder zurück zum eigenen Auto in Nissaki (Fahrzeit 15 Min.)

Kurzwanderung: Nissaki — Kalami — Kouloura: 5,5 km; 1 Std. 30 Min.; leicht; Anfahrt und Ausrüstung wie oben, feste Schuhe reichen allerdings. *Diese Wanderung empfiehlt sich ganz besonders Anfängern.* Man folgt der Wegbeschreibung bis zur Kouloura-Bucht und geht von dort zur Einmündung in die Hauptstraße hinauf, um mit dem Bus zurückzufahren (Buslinie von Kassiopi nach Korfu-Stadt oder Nissaki).

Variante: siehe Variante 3 auf Seite 53.

Diese Küstenwanderung schlängelt sich an den schönsten Meeresbuchten Korfus entlang. In vollen Zügen genießen wir den Wander- und Strandtag an dieser zauberhaften Küste.

Die Wanderung beginnt 200 m östlich der Shell-Tankstelle, an der BUSHALTESTELLE KAMINAKI. Wir nehmen das steile betonierte Sträßchen, das uns zur ersten Bucht hinabführt: **Kaminaki**, eine recht reizvolle Feriensiedlung. Es geht auf einem Pfad weiter, der am Ende des Strandes (links) über die Felsen ansteigt. Binnen fünf Minuten überqueren wir vor dem NISSAKI BEACH HOTEL den Strand von Nissaki (Picknick 4a). Wir müssen durch das Hotelgelände marschieren, um den Pfad zu erreichen, der sich 50 m oberhalb des Volleyballplatzes fortsetzt.

Es geht am Hang entlang; über die kleine, umseitig abgebildete Bucht hinweg sehen wir die bescheidene Kapelle **Ag Arsenious** vor uns im Fels. Kurz nachdem die Kapelle in unser Blickfeld rückt, führt uns rechts ein Pfad zu ihr hinab. Dieser dreiminütige Abstieg ist steil, etwas schwindelerregend und felsig, aber es ist ein schönes Fleckchen (auch dies ein mögliches Plätzchen für Picknick 4a). Vor den Felsen kann man gut im Meer baden.

Wir wandern auf dem Hauptpfad weiter, der über einige Steinstufen ansteigt und bald scharf rechts zu einem breiten Erd- und Steinweg mit einer Betonmauer auf seiner dem Meer zugewandten Seite führt. An einer Wegverzweigung gehen wir leicht nach links bergauf zu Steinstufen, steigen sie empor, folgen einem kurzen ebenerdigen Abschnitt des Pfades und gehen dann Stufen hinab. Nachdem wir dieses **Neubaugebiet** umgangen haben, kommen wir nun wieder auf den Pfad und folgen weiter der Küste. Geradeaus erreichen wir die nächste Bucht, **Agni** (**40Min**). Nach einer Minute, gegen Ende des Strandes, schließen wir uns direkt hinter einer betonierten Zufahrt wieder dem Pfad an. Nach wenigen Minuten biegen wir rechts vom Hauptpfad ab und folgen der Küste, wo es schöne glatte Felsen gibt, die ins Wasser abfallen — von der Natur wie Plattformen geschaffen. Bald kommen wir zu einem weiteren, namenlosen Strand, der völlig unverbaut ist (Picknick 4b; Foto auf S. 60). Hier ist es ganz einsam, was ziemlich überrascht, da vormittags (in der Hochsaison) zahlreiche Boote an der buchtenreichen Küste vorbeiziehen.

An der Stelle, wo man diesen einsamen Strand erreicht, steht ein Schuppen aus Beton. Um zur nächsten Bucht (Kalami) weiterzuwandern, gehen wir rechts von dem Schuppen das ausgetrocknete Bachbett hinauf. Nach einer halben Minute biegen wir nach rechts und gehen zwischen eingezäunten Feldern weiter. Eine Minute später laufen wir an einer Linksabzweigung vorbei und folgen einem betonierten Sträßchen bergauf. Bald is das Sträßchen geteert. Nach einer Kurve erreichen wir den **Kalami-Strand**; leider beeinträchtigt ein Appartement-Komplex jetzt diese einst idyllische kleine Bucht. Wir kommen an einem schönen großen Restaurant vorbei; auf der einen Seite befindet sich eine Caféterrasse. Stufen führen uns zum Strand hinab. Am Ende des Strandes (hinter der letzten Taverne) folgen wir einem Pfad zur Straße hinauf.

Die Hauptwanderung setzt sich jetzt zur Bucht von Kouloura fort, die nur noch gut zehn Minuten entfernt ist. (Zwischen den beiden Buchten kann man an der Kalksteinküste gut im Meer baden. Um diese Stellen zu erreichen, verlässt man nach sieben Minuten die Straße; der ziemlich steile und schmale Pfad zweigt unmittelbar nach dem letzten Haus auf der rechten Seite ab.) Wir wandern auf der Straße an einer Linksabzweigung vorbei und gelangen zu dem idyllischen kleinen Hafen von **Kouloura** hinab (**1Std10Min**), der von hohen Zypressen gesäumt ist. Fischerboote dümpeln an dem kleinen Anlegeplatz vor sich hin — eines der bekanntesten Fotomotive Korfus. *(Wer nur die Kurzwanderung unternimmt, kehrt von hier zu der Abzweigung zurück und geht zur Hauptstraße hinauf.)*

Wir lassen den kleinen Hafen hinter uns, gehen die Straße eine Minute bergauf zurück und folgen dann dem Sträßchen geradeaus zu einem ruhigen Kiesstrand hinab, der im Schatten hoher Eukalyptusbäume liegt (Picknick 4c). Direkt hinter dem großen,

Der Blick schweift zur kleinen Kapelle Ag Arsenious

verfallenen Gebäude am Ende des Strandes erklimmen wir die Landspitze. Wir wandern an einem Wiesenhang entlang und erreichen die siebte Bucht unserer Wanderung. Es gibt hier einen sehr kleinen, steinigen Strand, der am Rande der Landspitze gegenüber von Kouloura liegt. Nach wenigen Metern auf diesem Strand steigen wir den Hang hinauf und schließen uns wieder dem Pfad an.

Etwa 25 Minuten nach Kouloura überqueren wir abermals einen Strand. Auch diese große, ziemlich ursprüngliche Bucht namnens **Kerasia** (**1Std40Min**) wird von Eukalyptusbäumen beschattet. Die einzige Restaurantbar liegt am Ende des Strandes. (Auf dem nächsten Abschnitt der Wanderung muss über Felsen und steile Böschungen geklettert werden. Wenn man dieses Wegstück meiden möchte oder das Meer aufgewühlt ist, folgt man einfach der Straße von dieser Taverne nach Ag Stefanos.) Wir wandern an der Bar vorbei oberhalb der Küste weiter und befinden uns wieder auf einem guten Pfad durch Zypressen und Olivenhaine. Übrigens gehört dieses Gelände der Familie Rothschild. Aber keine Sorge: Alle griechischen Strände sind per Gesetz der Öffentlichkeit zugänglich. Wir sehen ein Türmchen, das zur Villa der Rothschilds gehört.

Der Hauptpfad führt zum Strand hinab, wir jedoch biegen links auf einen Seitenpfad, um die Landspitze zu umrunden. Am Rande der nächsten Bucht liegt ein schöner eingefriedeter Obstgarten; weit und breit sind keine Gebäude zu sehen. Wir folgen nun der Küste. Mehrmals versperren uns ins Meer ragende Felsen den Weg: Fünf Minuten nach der letzten Bucht,

Der unberührte Strand direkt hinter der Bucht Agni

wo ein größerer Felsen ins Meer ragt, steigen wir Steinstufen (mit Holzpfosten zum Festhalten) 10 m empor und wenden uns oben nach rechts; ein verblasstes Schild weist hier rechts nach Ag Stefanos. Wir gehen einen kurzen, steilen, zugewachsenen und schwierigen Pfad zum Ufer hinab zurück. Hier liegt ein Schwimmbecken der Rothschilds.

Ab dieser Stelle ist es ein stellenweise schwieriges Gekraxel entlang der Felsküste, bis wir die nächste Bucht erreichen. Etwa in der Mitte des Strandes führt ein 8 cm dickes, schwarzes Rohr ins Meer (es handelt sich lediglich um den Wasserabfluss einer Olivenpresse in der oberhalb gelegenen Ortschaft). Längs des Rohres führt der anfänglich etwas überwucherte und durch Winterregen stark erodierte Pfad landeinwärts durch eine kühle Lichtung. Wir erreichen die Straße, die von Kerasia kommt, und gehen rechts weiter.

Während wir durch Olivenhaine bergabwandern, kommt die zehnte Bucht unserer Tour in Sicht. Die zauberhafte Bucht **Ag Stefanos** (**2Std50Min**) ist ein weiteres Opfer des Massentourismus, hat aber dennoch einiges ihrer Urspünglichkeit bewahren können. Wir lassen sie hinter uns und folgen der Straße. Nach 25 Minuten Anstieg (kurz nach einer Abzweigung zu einer militärischen Einrichtung), gehen wir an einer Rechtsabzweigung nach Avlaki vorbei. Nach weiteren 35 Minuten erreichen wir die Hauptstraße in **Kendromadi** (**3Std50Min**), wo man den Kassiopi-Bus zurück nach Nissaki und Korfu-Stadt nehmen kann.

5 NISSAKI • PORTA • ANO PERITHIA • LAFKI

Siehe die Karte auf der Rückseite der Autokarte; siehe auch das Umschlagfoto

Länge: 17,0 km; 5 Std. 35 Min.

Schwierigkeitsgrad: anstrengend. Aufstieg über insgesamt 600 Höhenmeter; nur erfahrenen Wanderern zu empfehlen. In dieser Gegend sind Schlangen keine Seltenheit.

Ausrüstung: Wanderstiefel, lange Strümpfe, Jacke/Vlies, Sonnenhut, Sonnencreme, Sonnenbrille, langärmeliges Hemd, lange Hose, Regenzeug, Proviant, Getränke

Anfahrt: 🚌 nach Garnelatika (siehe Wanderung 3, Seite 53); Fahrzeit 45 Min.

Rückfahrt: 🚌 von Lafki (es gibt nur eine Fahrt: Mo-Sa um 15.30 Uhr; vor dem Aufbruch sollte man diese Abfahrtszeit überprüfen).

Für erfahrene Wanderer, die gerne auch einmal durch wildes unwegsames Gelände streifen, ist diese Tour äußerst lohnend. Wir überqueren die weiten Flanken des Pantokrator, wo der Hirte mit seinen Schafen und Ziegen umherzieht... und manchmal auch Jäger auf der Pirsch sind. Unterwegs kommen rustikale Weiler und Dörfer; dazwischen liegen enge Täler mit steilen felsigen Seitenwänden. Auf unscheinbaren Pfaden und teils völlig weglos wandern wir durch die einsamste Landschaft Korfus. Die Gegend ist unberührt und reich an Pflanzen. Herrliche Ausblicke runden diese Wanderung ab.

Zunächst folgen wir Wanderung 3 (Seite 53) nach **Porta** (**1Std50Min**). Wir erreichen die Straße am Ortsrand von Porta und biegen nach links (Wanderung 3 führt nach rechts). Bald gehen wir an einer großen Kirche (rechts) vorbei. Drei Minuten oberhalb der Kirche biegen wir an einer Verzweigung rechts auf eine Straße. Wir sehen Judasbäume, deren üppige, rosa- bis violettfarbene Blüten in Trauben an den noch blattlosen Ästen hängen — ein herrlicher Anblick. Nach der Legende hat sich Judas Iskarioth an diesem Baum erhängt, nachdem er Jesus verraten hatte; die ursprünglich blassen Blüten sind dabei vor Scham errötet.

Das gebirgige Albanien erstreckt sich vor uns, und auch der (teilweise von Küstenbergen verdeckte) Butrintosee ist in Sichtweite. Vor dem Kap Varvara liegt das kleine Leuchtturm-Eiland Peristator. Jenseits zweier Bergrücken ist das kleine Dorf Santa erkennbar. Wenn man die Straße hinaufschaut, sieht man Mengoulas, unser nächstes Ziel. Dieser Weiler liegt hoch auf einer Anhöhe am Berghang.

Nach gut zehn Minuten auf der Straße gehen wir links ein betoniertes Sträßchen nach **Mengoulas** hinauf. Nach knapp fünf Minuten begrüßt uns ein venezianisches Herrenhaus (**2Std 20Min**). Ab hier bis Ano Perithia folgen wir der Route des Corfu Trail. Wir nehmen den Pfad vor diesem großen Haus, biegen am Ende des Gebäudes nach rechts und gehen über Stufen durch kleine Höfe bergauf. Nach einer Minute gelangen wir auf einen unscheinbaren Weg, folgen ihm nach links und biegen dann rechts auf einen Pfad, der hinter einem Haus im Bogen

Beim Abstieg nach Ano Perithia

ansteigt. Wir wandern direkt die Anhöhe empor und kommen durch ein Weidegebiet; einige PFERCHE bleiben links liegen.

Wir erreichen einen Weg, biegen nach links und gehen an der nächsten Verzweigung geradeaus bergauf. Ein langer, stetiger Anstieg auf diesem breiten Weg führt uns in 35 Minuten zu dem hoch gelegenen Pass. Die ganze Zeit bieten sich Ausblicke hinab auf den Kerkyra-Golf und über die Meerenge nach Albanien. Am PASS (**3Std**) stehen einige Sitze neben einem kleinen HEILIGENSCHREIN, wo man rasten und den Ausblick genießen kann. *(Wanderung 7 mündet hier ein.)*

An dieser Stelle sieht man auch den größten Teil der anfänglichen Abstiegsroute nach Ano Perithia. Unterhalb von uns im Norden ist ein flaches, grünes Tal mit einigen Ackerterrassen und einer niedrigen Steinruine ohne Dach erkennbar. Wir werden den Weg in dieses flache Tal hinabwandern und dann durch ein steileres Tal kommen, das sich an das linke (westliche) Talende anschließt.

Wir verlassen nun den Pass (der Heiligenschrein befindet sich links), gehen den linken Weg hinab und folgen ihm 10 Minuten. *Achtung!* Aufmerksam achten wir links auf einen Pfad, der an einem Felsbrocken mit gelbem Pfeil vom Weg abzweigt, und folgen ihm zwischen ZWEI KLEINEN WILDEN BIRNBÄUMEN hindurch bergab (**3Std10Min**). Dieser Pfad ist anfangs ziemlich eindeutig, doch eventuell ist er bald etwas undeutlich — insbesondere, wenn in den Sommermonaten die Farne wachsen. Wir steuern zwei größere wilde Birnbäume in mittlerer Entfernung an und gehen hindurch. Dann kommen wir an einem VERFALLENEN STEINGEBÄUDE (rechts) vorbei, das bereits vom Pass aus sichtbar war. Wir wandern weiter ins Tal hinab und steuern das schmalere, V-förmige Tal vor uns an. Zehn Minuten nach Verlassen des Weges geht es kurz bergab, um ein ausgetrocknetes Bachbett zu durchqueren, wo wir uns wieder dem Pfad anschließen. Nun folgen wir dem Pfad steil bergab und halten uns links von einer steilen, schmalen Schlucht. Wir hören die Glocken von Schafen und Ziegen, aber es ist gar nicht leicht, die Tiere zwischen all den Felsen auszumachen! Wilde

Birnbäume sind die einzigen Bäume, die in diesem felsigen Gelände zu überleben vermögen.

Nach und nach taucht Ano Perithia auf. Wir wandern zwischen Felsen stetig bergab. Der Pfad ist nicht immer eindeutig, aber mit gelben Farbpunkten auf Felsbrocken markiert. Schließlich gelangen wir bei einem WASSERSAMMELTANK auf einen Weg. (Dies ist der Weg nach Lafki, dem wir später folgen werden.) Wir biegen links auf den Weg und nehmen dann direkt vor einer KIRCHE den nächsten Weg nach rechts bergab. Am unteren Ende einer Treppe, die zur Kirche ansteigt, gehen wir rechts einen gepflasterten Pfad hinunter, der zwischen den alten Dorfhäusern hindurchführt. Nach zwei Minuten queren wir eine Kluft neben einer neu eingedeckten KAPELLE und laufen dann kurz bergauf zum Hauptdorfplatz von **Ano Perithia** (**3Std55Min**; Picknick 5). Hier kann man in eines der beiden Restaurants einkehren, ehe man mit der letzten Etappe beginnt. Mit nurmehr sechs permanenten Bewohnern ist das Dorf heute ein Schatten seiner selbst. Einstmals war es eine blühende Gemeinde mit stattlichen Häusern und sechs Kirchen. Jetzt findet ein langsamer Prozess der Restaurierung, unterstützt durch EU-Mittel, statt. Die Dächer werden instand gesetzt, Steinmauern erneuert und alte Terrassen neu angelegt; eine neue Wasserversorgung wurde bereits installiert. Es bleibt abzuwarten, ob dieses abgelegene, schöne Dorf wieder zu einer sich selbst unterhaltenden Gemeinde werden kann — oder (eher wahrscheinlich) zu einer Ferienhaussiedlung für reiche

Ano Perithia mit einer seiner sechs Kirchen im Vordergrund

Athener wird. *(Wanderung 7 führt auf dem Weg rechts oberhalb der Taverna Capricorn weiter; siehe Seite 75.)*

Nach einer Rast kehren wir zu dem Weg nach Lafki oberhalb des Dorfes zurück und folgen ihm nach rechts; er wird uns bis nach Lafki führen. Von der anderen Talseite haben wir einen ausgezeichneten Blick zurück auf Ano Perithia. Unterhalb des Weges liegt eine interessante Hangformation, die wie ein Bündel aufgestellter Spielkarten aussieht. Eine Stunde nach Perithia umrunden wir einen Hangausläufer und kommen oberhalb üppiggrüner Wiesen vorbei. Ein Stückchen weiter steht ein großes verlassenes Gebäude oberhalb des Weges; weiter oben versteckt sich ein aufgegebener Weiler zwischen den Bäumen am Hang. Eine Ansammlung von Bienenstöcken steht auf einem flachen Feld rechts des Weges unterhalb des Hauses. Bald schweift der Blick über ein beeindruckendes Tal, in dem ein großer Steinbruch auffällt. Auf der anderen Seite liegt Lafki. Wir genießen einen guten Küstenausblick auf Acharavi, das nicht weit unten liegt; dahinter befindet sich Roda. Vom Steinbruch gelangen wir auf eine Straße und folgen ihr nach links. Nach zwei Minuten ist **Lafki** erreicht. Die BUSHALTESTELLE (**5Std35Min**) liegt in der Dorfmitte.

6 NISSAKI • PALIES SINIES • (BERG PANTOKRATOR) • STRINILAS • EPISKEPSIS • SFAKERA • RODA

Siehe die Karte auf der Rückseite der Autokarte; siehe auch die Fotos auf Seite 2, 12, 21

Länge: 21,0 km; 6 Std. 50 Min.

Schwierigkeitsgrad: anstrengend. Auf-/Abstieg über etwa 800 Höhenmeter. Die gesamte Tour ist nur trainierten Wanderern zu empfehlen. Sie folgt größtenteils Wegen, aber es gibt zwei kurze, weglose Aufstiege über Felshänge.

Ausrüstung: Wanderstiefel, Sonnenhut, Sonnencreme, Sonnenbrille, langärmeliges Hemd, lange Hose, Vlies, Jacke, Regenzeug, Badesachen, Proviant, Getränke

Anfahrt: 🚌 nach Nissaki; an der Straße nach Viglatouri aussteigen; Fahrzeit 45 Min.
Rückfahrt: 🚌 von Roda (Fahrzeit 1 Std.). Wenn man die Wanderung abkürzt, gibt es Busse von Strinilas (nicht sonn-/feiertags; Fahrzeit 1 Std. 20 Min.) oder Episkepsis (nicht sonn-/feiertags; Fahrzeit 1 Std. 30 Min.).

Kurzwanderungen

1 Nissaki — Palies Sinies — Nissaki: 8,5 km; 3 Std. Schwierigkeitsgrad: Auf-/Abstieg über 450 Höhenmeter, zumeist auf Landsträßchen und Wegen; ein kurzer Abschnitt auf einem Pfad. Anfahrt und Ausrüstung wie oben. Man folgt der Hauptwanderung nach Palies Sinies und kehrt auf demselben Weg zurück.

2 Strinilas — Episkepsis — Roda: 9,5 km; 3 Std. 10 Min. Leichter Abstieg auf Wegen; festes Schuhwerk reicht. Anfahrt: 🚌 Buslinie Richtung Lafki bis Strinilas; Rückfahrt wie oben. Man folgt der Hauptwanderung ab Strinilas (3Std50Min-Stelle; siehe Seite 69).

Varianten

1 Nissaki — Palies Sinies — Ano Perithia — Loutses — Kalamaki: 15,0 km; 5 Std. 20 Min. Anstrengender Aufstieg über 680 Höhenmeter; nur für erfahrene Wanderer geeignet. Einige weglose Auf- und Abstiege durch steiles felsiges Gelände. Ausrüstung und Anfahrt wie oben; Rückfahrt mit dem 🚌 vom Kalamaki-Strand nach Kassiopi, dann umsteigen in den Bus nach Korfu-Stadt (Fahrzeit 1 Std. 30 Min.). Man folgt der Hauptwanderung zum Pass an der 2Std20Min-Stelle hinauf und biegt am Querweg nach rechts. Nach drei Minuten kommt ein Heiligenschrein mit Bänken, wo man den Ausblick genießen kann. Nun folgt man der Wegbeschreibung von Wanderung 5 ab der 3Std-Stelle (Seite 62) nach Ano Perithia hinab. Dann folgt man Wanderung 7 (Seite 75) weiter zum Kaminaki-Strand.

2 Nissaki — Palies Sinies — Porta: 11,0 km; 3 Std. 50 Min. Anstrengender Auf-/Abstieg über 680 Höhenmeter, doch zumeist auf Wegen. Kurze Kletterpartien über felsiges Gelände. Ausrüstung und Anfahrt wie oben; Rückfahrt mit dem Bus von Porta. Man folgt der Hauptwanderung bis zum Pass hinauf (2Std20Min-Stelle) und hält sich dann rechts. Drei Minuten später kommt ein Heiligenschrein mit Bänken an einer Verzweigung; hier biegt man rechts nach Porta. An der nächsten Verzweigung, die 35 Min. später kommt, wendet man sich nach rechts, doch zuvor sollte man noch eine Minute weitergehen und den herrlichen Ausblick über Porta hinweg auf Albanien genießen. Direkt unterhalb der Verzweigung geht man an einem Schuppen vorbei und nimmt die Linksabzweigung. Nach 30 Minuten Abstieg biegt man rechts nach Porta, das gut fünf Minuten entfernt ist. Der Bus hält am Wende-/Parkplatz im Dorf.

Diese Wanderung beginnt mit einem Aufstieg über die schroffen, felsigen Hänge des Pantokrator. Unterwegs passieren wir die Ruinen von Palies Sinies, einem mittelalterlichen Dorf, das man normalerweise nur vom Gipfel des Pantokrator sieht. Das Grün, das den Ort in diesem sonst kargen Hügelland umgibt, verrät ihn schon von weitem. Jede Anhöhe, die man erklimmt, enthüllt atemberaubende Ausblicke. Oben auf dem Gipfel des Pantokrator überqueren wir ein weit ausgedehntes Plateau mit vielen zerklüfteten Felsgruppen, ehe wir zum Meer hinabwandern. Im Frühling verwandeln eine Vielzahl von Blumen dieses Felsmassiv in einen einzigen natürlichen Steingarten. Durch viele gewundene Täler erreichen wir schließlich das Meer. Hier unten wird die Landschaft wieder anmutiger; unser Weg schlängelt sich durch schattige Olivenhaine und führt in ein baumbestandenes Tal hinab.

Unsere Haltestelle liegt an der Straße nach Viglatouri (zwei Minuten hinter dem Glyfa-Strand, am Ortseingang von **Nissaki**). Da die Busfahrer diese Haltestelle nicht kennen, achten wir auf die Taverne Glyfa auf der rechten Seite und drücken den Halteknopf in der nächsten Kurve, in der die Straße in Richtung Meer biegt. **Die Wanderung beginnt** auf der Straße, die gegenüber der Haltestelle ansteigt und nach VIGLATOURI BESCHILDERT ist; rechts steht ein Buswartehäuschen. Für den steilen Anstieg auf dieser Asphaltstraße entschädigt die wunderschöne Aussicht. Mit jeder Kehre haben wir durch die Olivenbäume hindurch neue Ausblicke auf den herrlichen Golf von Kerkyra. Links liegt Albanien, rechts die Bucht von Ipsos. Das glitzernde Meer liegt oft völlig unbewegt. Bald erhebt sich jenseits einer Schlucht eine Flanke des Pantokrator; unterhalb von uns liegt der Barbati-Strand.

Die steile Straße hinauf nach Viglatouri ist größtenteils von schön gelegenen Ferienvillen gesäumt. Nach etwa 30 Minuten Anstieg von der Küstenstraße kommen wir in den Weiler **Viglatouri** und gehen hier an einer Rechtsabzweigung vorbei. Geradeaus laufen wir an der VILLA ANTIGONE (links) und der VILLA HELENA (rechts) vorbei. Fünf Minuten nach der Abzweigung, nachdem wir durch Olivenhaine gekommen sind und eine lange S-Kurve umrundet haben, nehmen wir eine Abkürzung: wir biegen links auf eine frischer geteerte Straße und nehmen dann einen steilen gepflasterten Pfad, der rechts zwischen zwei Häusern ansteigt. An der VILLA SIGNALO gelangen wir auf eine betonierte Zufahrt und gehen weiter bergauf.

Am oberen Ende der Zufahrt gelangen wir wieder auf die Asphaltstraße und wenden uns leicht nach links bergauf. Die Straße setzt sich jetzt betoniert fort. Nach einigen Minuten Anstieg lassen wir die Olivenbäume hinter uns und kommen auf einen mit frischem Gras bedeckten Berghang. Unterhalb von uns gedeiht verstreut der gelbblühende Besenginster. Zwischen den Steilwänden der Schlucht taucht die Küste auf. An klaren Tagen sind Korfu-Stadt und die Flughafen-Lagune deutlich erkennbar, und dahinter kann man die dunkelblaue Spitze der Insel sehen.

Wir erreichen einen Querweg und folgen ihm links nach Palies Sinies. Im Frühling gedeihen zahlreiche Blumen am Wegesrand. Nach etwa fünf Minuten Anstieg verlassen wir den Hauptweg und gehen links einen Nebenweg in das Tal hinab. Ein paar Minuten später schwenkt der Weg nach links, wir jedoch wandern geradeaus auf einem Pfad weiter (ein gelber Pfeil, der in die entgegengesetzte Richtung weist, markiert diese Stelle). Am gegenüberliegenden Hang ist ein Pferch erkennbar; wir werden links daran vorbeigehen. Unten im Tal durchqueren wir ein ausgetrocknetes Bachbett bei einem alten Feigenbaum und gehen auf der anderen Seite einen wunderschönen alten steingepflasterten Pfad hinauf. Der Pfad ist stellenweise recht unscheinbar, und wir achten auf die gelben Pfeile. Während des

Variante 2: Der Abstieg nach Porta mit Albanien in der Ferne

Palies Sinies

Anstiegs zu dem oben verlaufenden Weg führt der Pfad unterhalb eines großen wilden Birnbaums vorbei, der genau unterhalb des Weges steht. Hinter dem PFERCH halten wir uns an einer Verzweigung links.

Wir stoßen auf den Weg und folgen ihm nach links. An den Bienenkörben sollte man sich ruhig verhalten. Der Ausblick auf den leuchtendblauen Golf, eingerahmt von den Seitenwänden der Schlucht, ist einfach hinreißend. Wir dringen tiefer in das Tal ein und blicken hinter einer Wegbiegung zu den Hausruinen eines alten Dorfes empor. Direkt unterhalb der Ruinen biegen wir rechts auf einen Weg. Am Ende des Weges folgen wir einem Pfad und wandern im Bogen nach rechts durch die Ruinen von **Palies Sinies** hinauf (**1Std40Min**). Wir passieren die Ruine eines großen alten Hauses, vor dem ein Steintisch steht — das ideale Rastplätzchen! Ein kurzes Stückchen weiter kommen beiderseits des Pfades alte Brunnen. Das Wasser ist trinkbar, aber beim Wasserschöpfen muss man äußerst vorsichtig sein; der Brunnen ist sehr alt, und die gemauerte Steindecke über dem Brunnenschaft ist wacklig. (Im Hochsommer muss man sich auch vor den zahlreichen Wespen in Acht nehmen und das Wasser ruhig hochziehen.) Es lohnt sich, das Dorf näher zu erkunden, doch sollte man äußerst vorsichtig sein; einige Gebäude sind recht baufällig und nicht ungefährlich. *(Kurzwanderung 1 macht hier kehrt.)*

Um Palies Sinies zu verlassen, müssen wir ein wenig weglos klettern. Unser Ziel ist der Weg oberhalb des Dorfes. Wenn man zwischen den beiden BRUNNEN steht und sich vom Dorf abwendet, dann muss man den Hang unmittelbar zur Linken emporsteigen. Zunächst steuern wir dazu die Kirche auf der Anhöhe an, die etwas links hinter uns steht. Von der Kirche wandern wir auf der Anhöhe zu dem Weg empor; ein stetiger Anstieg führt uns durch verwilderte Ackerterrassen und Gesträuch.

Wir erreichen den Weg, wenden uns nach rechts und folgen ihm die nächste halbe Stunde bis zu einem PASS (**2Std20Min**). Wenn man nicht gerade vom Wind durchgepustet wird, kann man sich hier niederlassen und den herrlichen Ausblick in Ruhe genießen. Im Norden, unten in dem V-förmigen Einschnitt in den Bergen, erblicken wir ein fast verlassenes Dorf — Ano Perithia (Wanderung 5 und 7). Im Hintergrund liegt das gebirgige Landesinnere von Albanien.

Die Hauptwanderung führt hier nach links auf dem Querweg weiter. *(Variante 1 und 2 verlaufen hingegen nach rechts.)*

20 Minuten später erreichen wir die Straße, die zum Gipfel des Pantokrator ansteigt. Falls man das Kloster noch nicht besucht hat (Foto auf Seite 21), kann man der Straße knapp 30 Minuten bergauf folgen; dieser Abstecher ist in den Gehzeiten jedoch nicht berücksichtigt. Ansonsten wandern wir sogleich nach rechts weiter und überqueren das Plateau auf einer Straße, die sich um die zerklüfteten Felsen windet. Grüne grasbewachsene Mulden liegen in der felsigen Landschaft, und Ziegen streifen umher. Ein Stückchen weiter taucht die Nordküste auf; der Blick reicht bis zum Kap Astrakeri. Sobald wir unterhalb der Straße das kleine Bauerndorf Petalia sehen, haben wir wieder die Zivilisation erreicht. Nach fünfzig Minuten Abstieg auf der Pantokrator-Straße gelangen wir auf eine andere STRASSE, biegen nach links und kommen fünf Minuten später an dem schönen, von einer riesigen Ulme beschatteten Dorfplatz nach **Strinilas** (**3Std50Min**). Wer für heute genug gewandert ist, kann hier auf einen Bus warten. *(Hier beginnt Kurzwanderung 2.)*

Unmittelbar hinter dem Dorfplatz und direkt hinter dem Ortsausgangsschild gehen wir rechts ein Betonsträßchen hinab. Nach 30 m folgen wir einem Querweg nach links bergab (Picknick 6), der uns bis zum Ortsrand von Episkepsis führen wird. Unterwegs erblicken wir das herrlich gelegene Kloster Ag Triada, das auf dem höchsten Berg im Norden der Insel steht und auf Wanderung 8 besucht wird. Der Weg führt in einen versteckten Taleinschnitt hinab, ehe er über einen Hangsims mit brachliegenden Feldern verläuft. Durch Olivenhaine schlängelt sich der Weg zu einer STRASSE hinab (**4Std50Min**). Wir folgen ihr nach links bergauf und kommen in ein bezauberndes, archaisch wirkendes Bauerndorf. Hier gehen wir rechts die erste Gasse zwischen Häusern hinab und passieren die Kirche. Wir laufen weiter bergab und folgen dann links einer Gasse zur Hauptstraße in der Dorfmitte von **Episkepsis** hinab (**5Std**). Rechts steht hier ein reizendes dreistöckiges venezianisches Herrenhaus.

Wir biegen links auf die Hauptstraße und erreichen drei Cafés. (Wenn man hier die Wanderung beenden möchte: Die Bushaltestelle liegt etwa 30 m hinter diesen Cafés vor der scharfen Kurve.) Die letzte Etappe der Wanderung beginnt auf dem breiten Betonweg neben dem Café Ellinikon (mit POSTKASTEN auf der Mauer). Wir gehen ihn hinab und kommen binnen einer Minute an einer Kirche und einem Schulhaus vorbei. Wir wandern weiter durch einen etwas abseits gelegenen Teil der Ortschaft, der ausgebreitet auf einem Rücken unterhalb des Hauptortes liegt. Jenseits der Häuser passieren wir einen BETONBRUNNEN und einen HEILIGENSCHREIN und gehen an einer Linksabzweigung vorbei. Das Sträßchen setzt sich als schmaler Feldweg fort, während wir durch alte Olivenhaine hinabwandern. Etwa 10 Minuten nach dem Dorf gehen wir an einer Verzweigung an dem Weg vorbei, der sich steil nach rechts bergab schlängelt. Wir wandern nach links bergauf um einen Hangausläufer herum und gelangen auf der anderen Seite

Beim Aufstieg an den Hängen des Pantokrator überquert man das Bergplateau. Der Wanderweg schlängelt sich um zerklüftete Felsen, zwischen denen grüne grasbewachsene Mulden liegen.

in ein tiefes, schattiges Tal hinab. Die Landschaft ist wunderschön; dichtes Grün schimmert in der Talsohle.

Wir überqueren eine kleine BRÜCKE. Allmählich treten die Berge zurück, um ein bootförmiges Tal zu enthüllen. Einige Minuten später überqueren wir wieder den Bach. Eine Minute danach gelangen wir auf einen Weg, der von rechts einmündet, und folgen ihm nach links. Wir wandern jetzt auf der anderen Seite das Tal entlang. Kurzzeitig sind Eichen zu sehen; dann taucht unterhalb des Weges ein schönes Wiesenfleckchen auf. Wir lassen diese schroffen Täler hinter uns, und die Landschaft öffnet sich. Gut zehn Minuten nach der letzten Bachüberquerung gehen wir an einem unscheinbaren Weg vorbei, der rechts abzweigt. Zwei Minuten später laufen wir abermals an einem rechts abzweigenden Weg vorbei. Durch die Talsohle gelangen wir zur Küstenniederung.

Wir erreichen die Asphaltstraße und biegen nach links. Ein paar Minuten später, nachdem wir eine Brücke über einen Bach überquert haben, erreichen wir eine Straße am Ortsrand von **Sfakera** (**6Std20Min**), biegen nach rechts und gelangen auf die Hauptstraße nach Roda. Sie führt uns in einer halben Stunde (nachdem wir die Hauptküstenstraße überquert haben) zum Strand von **Roda**. Die BUSHALTESTELLE (**6Std50Min**) liegt genau dort, wo die Straße die Küste erreicht — auf der linken Straßenseite, nördlich der Kreuzung.

7 SPARTILAS • BERG PANTOKRATOR • ANO PERITHIA • LOUTSES • KALAMAKI-STRAND

Siehe die Karte auf der Rückseite der Autokarte; siehe auch die Fotos auf Seite 21, 62-63, 64 und gegenüber

Länge: 15,5 km; 5 Std. 55 Min.

Schwierigkeitsgrad: sehr anstrengend. Aufstieg über 600 Höhenmeter, Abstieg über 906 Höhenmeter. Nur für erfahrene Wanderer geeignet. Kurze Abschnitte des Wanderpfades sind teilweise überwuchert; ein kurzer Abschnitt ist schwindelerregend. Das Plateau ist sehr felsig; hier sollte man sich Zeit lassen. Diese Wanderung sollte nicht bei schlechtem Wetter oder tiefhängenden Wolken unternommen werden.

Ausrüstung: Wanderstiefel, Sonnenhut, Sonnencreme, Sonnenbrille, langärmeliges Hemd, lange Hose, Regenzeug, Badesachen, Proviant, Getränke; im Sommer Insektenabwehrmittel (es gibt zahlreiche Stechmücken)

Anfahrt: nach Pyrgi/Ipsos (30 Min.) und Weiterfahrt mit dem Taxi zur Dorfmitte von Spartilas. (Es gibt auch einen Bus nach Spartilas, aber dann hat man nicht genügend Zeit für die Wanderung.)
Rückfahrt: vom Kalamaki-Strand nach Kassiopi; umsteigen in den Bus nach Korfu-Stadt; Fahrzeit 1 Std. 30 Min.

Kurzwanderung: Spartilas — Kapelle Taxiarkhis — Spartilas: 3,0 km; 1 Std. 30 Min. Ziemlich anstrengend; Auf-/Abstiege über etwa 280 Höhenmeter; der Pfad ist stellenweise überwuchert, und es gibt einen kurzen schwindelerregenden Abschnitt. Ausrüstung wie oben; An-/Rückfahrt: nach Spartilas; am nördlichen Ortsende parken. Man folgt der Wanderung bis zur Kapelle hinauf und kehrt auf demselben Weg zurück.

Heute wollen wir einen Tag an den unwirtlichen Abhängen des Pantokrator verbringen. Wir kraxeln über Viehpfade hinauf, bahnen uns unseren Weg durch Gestrüpp und klettern über Felsen. Keine andere Wanderung auf Korfu ist so abenteuerlich und beschwerlich wie diese. Wenn man nur die Aussicht genießen möchte, ohne sich abplagen zu müssen, so gibt es auch eine bequeme Asphaltstraße zum Gipfel (906 m) hinauf. Von hier oben schweift der Blick nach Süden bis zu den Inseln Paxos und Antipaxos; ganz selten einmal erkennt man sogar die Stiefelspitze Italiens. Am eindrucksvollsten ist aber der fesselnde Ausblick auf das benachbarte Albanien. Ano Perithia, das abgelegenste Dorf Korfus, liegt ein wenig unterhalb des Gipfels in einer mit Bäumen bestandenen Senke und ist von hellgrauen Felsen umgeben. Allein schon dieses abgeschiedene Dorf, das bis auf zwei bescheidene Restaurants ausgestorben ist, lohnt die lange und beschwerliche Wanderung. Unsere Route von Spartilas zum Pantokrator ist auch Teil des Corfu Trails und gut mit gelben Pfeilen markiert.

Vom Taxifahrer lassen wir uns vor dem Gemeindeamt (ausgesprochen ›Ki**no**tikon gra**fi**on‹) in **Spartilas** absetzen. (Wenn man mit dem Bus direkt nach Spartilas fährt, dann steigt man an der zweiten Haltestelle im Ort aus. Auf einem Schild vor dem Gemeindeamt steht ›ΚΟΙΝΟΤΙΚΟΝ ΓΡΑΦΕΙΟΝ ΣΠΑΡΤΙΛΑ‹.) **Zunächst** gehen wir schräg gegenüber der Straße die rechte Gasse zwischen den Häusern am Hang hinauf. Nach kaum einer halben Minute kommt hinter der Kirche eine Verzweigung, an der wir links Stufen emporsteigen. Am Ende der Stufen gelangen wir auf ein betoniertes Sträßchen, dem wir bergauf folgen. Es setzt sich als Weg fort. Nach drei Minuten verlassen wir den Weg in einer Biegung und wandern geradeaus auf einem Pfad weiter (dies ist die erste Abzweigung am Weg). Kleine rote und gelbe Punkte markieren nun unsere Route.

Während der ersten Minuten zwischen den Ackerterrassen ist *Aufmerksamkeit* geboten: Nach einer Minute führt uns der Pfad oberhalb eines unbewohnten Hauses vorbei. An einer Verzweigung des Pfades halten wir uns links und wandern in dieselbe Richtung weiter. Dann gehen wir an einer unscheinbaren Linksabzweigung vorbei. Vier Minuten nach Verlassen des Weges biegt unser Pfad plötzlich nach links und führt zwischen mehr oder weniger stark verfallenen Steinmauern empor. Er schwenkt dann wieder nach rechts, steigt gemächlich oberhalb von Olivenhainen an (Picknick 7) und verläuft am Fuße der Steilwand. Dieser sehr viel schmalere, von stacheligem Besenginster und anderen Pflanzen eingewachsene Pfad wird uns bis zur höchsten Stelle des Hochplateaus führen. Ein kurzer Abschnitt des Pfades ist schwindelerregend.

Wir umrunden ein Seitental und kommen an einem FELSEN vorbei, der an dem mit Gestrüpp bewachsenen Hang vorspringt (**15Min**). Von hier aus haben wir einen Vorgeschmack auf das Panorama, das uns oben auf dem Berggipfel erwartet. Buschige Steineichen, Mastixsträucher, stacheliger Ginster, Heidekraut und Strauchiges Brandkraut umgeben uns; der Pfad ist mit leeren Schrothülsen übersät. In der Nähe des Hochplateaus wird das Gelände felsiger, und die Pflanzendecke wird langsam lichter. Am Hang fallen Heidebüsche mit violetten und rosaroten Blüten ins Auge, und die ersten Erdbeerbäume mit ihren glänzenden Blättern tauchen auf.

Auf dem HOCHPLATEAU (**45Min**) müssen wir nach knapp einer Minute auf die Abzweigung zur Kapelle **Taxiarkhis** achten. Der Pfad liegt rechts und führt durch verfallene Ackerterrassen bergauf. Die Kapelle steht versteckt hinter buschigen Steineichen am Rande des Plateaus. Hier erwartet uns ein großartiger Ausblick. Weite blaue Buchten unterbrechen die Küstenlinie. Korfu liegt uns zu Füßen; der Blick schweift über den weitflächigen Norden und die nach Süden hin sich verjüngende Insel. Wie aus der Vogelperspektive blicken wir auf Spartilas hinab. Erstaunlicherweise ist die Tür der Kapelle nur angelehnt, das Dach eingestürzt, und die herrlichen Wand- und Altarfresken sind daher Wind und Wetter ausgesetzt. Die meisten Fresken sind noch gut erhalten. *(Auf der Kurzwanderung macht man an dieser Stelle kehrt.)*

Ehe wir die Wanderung fortsetzen, begeben wir uns hinter die Kapelle und schauen uns den weiteren Routenverlauf an. Die Wanderroute führt durch den leichten, mit Buschwerk bestandenen Hangeinschnitt, der direkt auf den von einem

Fresken in der Kapelle von Taxiarkhis

unübersehbaren Sendemast gekrönten Pantokrator zuführt. Von der Kapelle kehren wir zunächst zum gut markierten Pfad zurück und wandern geradeaus weiter. Thymian und stacheliger Besenginster bedecken die sanft abfallenden Hänge. Fünf Minuten nach der Kapelle, nachdem wir gerade eine verfallene Terrassenmauer erklommen haben, verliert sich der Pfad. Wir wandern geradeaus weiter und schwenken nach rechts auf den Hangeinschnitt zu. Nach einer Minute gehen wir über eine Kreuzung hinweg und sehen ein steinernes GEBÄUDE (**55Min**) direkt unterhalb des Pfades. Am Gebäude zweigt ein Pfad nach rechts ab, der zu einer wunderschönen steingepflasterten DRESCHTENNE führt, die versteckt zwischen den Bäumen liegt — ein zauberhaftes Plätzchen. Wir gehen an allen Pfaden vorbei, die bergauf abzweigen und aus dem Hangeinschnitt herausführen. Unser Weg verläuft durch das Gesträuch in dem V-förmigen Hangeinschnitt. Ab und zu sehen wir rechts zwischen den Büschen Ackerterrassen. Im Sommer bietet dieser schattige ›Tunnel‹-Pfad durch Steineichen willkommenen Schutz vor der sengenden Sonne; im Frühling bedecken Mooskissen die umliegenden Felsen.

Etwa zehn Minuten nach dem Steingebäude verlassen wir den Eichenwald. Der Pfad wird holpriger und führt in ein kleines Tälchen. Wir gehen auf der Talsohle empor. Sobald oberhalb von uns ein Weg auftaucht, klettern wir über die Felsen, um ihn zu erreichen. Wir wenden uns nach links, verlassen den Weg jedoch sogleich an der Außenseite einer scharfen Biegung. (Falls man etwas weiter westlich zu dem Weg hinaufgeklettert ist, wendet man sich *rechts* auf den Weg und biegt dann an der Außenseite der erwähnten scharfen Biegung links ab.) Der Fußweg, dem wir nun folgen, ist eine Fortsetzung des Tälchens. Weidetiere haben in dieser Gegend verschiedene Pfade geschaffen; wir halten uns auf dem Hauptpfad und steigen kleine Hangterrassen empor. Fünf Minuten oberhalb des Weges erreichen wir eine höhergelegene Ebene des Hochplateaus. Eine grasbedeckte Ebene führt uns hinauf zu einem Felsenmeer. Jenseits dieser wilden Felslandschaft liegt der Pantokrator. Wir folgen den Wegzeichen. Sobald man im Sommer in das trockene Gras kommt, wird man von Tausenden von Fliegen umschwärmt. Aber dies hat ein Gutes: Obwohl man möglicherweise erschöpft ist, wird man den Marsch beschleunigt fortsetzen. *(Wenn an dieser Stelle schlechtes Wetter oder tiefhängende Wolken drohen, sollte man die Wanderung keinesfalls fortsetzen.)*

Nach ein paar Minuten auf diesem oberen Hochplateau schwenken wir nach links und folgen dabei einer leichten Senke. Wir verlassen kurz die grasbewachsenen Felder und wandern über eine felsübersäte Ebene. Während es durch grasbewachsene Mulden geht, die eingebettet zwischen diese Felsen liegen, wird unsere Route zum reinsten Hindernislauf. *Wir achten auf die Wegzeichen;* leicht kommt man in die falsche Richtung ab. Wir lassen alle Schriftzeichen *unbeachtet* und *folgen* den Pfeilen und Punkten. Die kleine, langstielige Myrten-Wolfsmilch *(Euphorbia myrsinites)* gedeiht hier oben zwischen den Felsen; im Herbst bedeckt das Stechende Sternauge *(Pallenis spinosa)* die felsigen Hänge. In der Nähe des Pantokrator werden die Hügel steiler und die Senken tiefer.

Wir überqueren eine Anhöhe und erblicken die Bergstraße. Ab hier sind die Wegzeichen verblaßt und unregelmäßig. Falls man den Wanderpfad aus den Augen verliert, steuert man einfach die Straße an. Während es bergab geht, tauchen die Überreste eines alten Pfades auf. Wir wandern in ein großes, quer verlaufendes Tal hinab und folgen ihm nach links. An einer doppelten Terrassenmauer schließen wir uns einem deutlichen Pfad an und steigen zur Straße zum Pantokrator an, die wir gegenüber einem großen BETONIERTEN WASSERTANK erreichen. (**2Std**).

Wir folgen der Straße nach rechts zum Gipfel und dem Kloster; dabei kommen wir an einer schönen schattigen Hangsenke vorbei. Ein Stückchen weiter blicken wir auf Ano Perithia, eine grüne Oase unter abfallenden Felshängen — ein erfreulicher Anblick in dieser kargen Landschaft! Am Glocketurm vorbei gelangen wir in den Hof des **Klosters Pantokrator** (**2Std25Min**). Der hohe Sendemast trägt leider nicht zum Reiz der ohnehin recht öden Klosteranlage bei. Die Rückseite des Gebäudes mit dem Kreuzgang ist ansprechender (Foto auf Seite 21). Die Kapelle birgt einige verblichene Fresken aus dem 17. Jh.

Vom Kloster gehen wir die Straße hinab und nehmen den ersten Weg, der rechts abzweigt. Wir folgen diesem Weg die nächsten 20 Minuten, wandern allmählich bergab und passieren einen großen VIEHSTALL, der direkt links unterhalb des Weges steht (**3Std**). Wir wandern auf dem Weg weiter und gehen bald an einer Rechtsabzweigung vorbei; dieser Weg führt auf der Aufstiegsroute von Wanderung 6 nach Palies Sinies. Bald erreichen wir einen kleinen HEILIGENSCHREIN mit Bänken, wo man rasten und die großartige Aussicht nach Norden und Süden genießen kann.

Nun folgen wir der Wegbeschreibung von Wanderung 5 auf Seite 62 ab der 3Std-Stelle nach **Ano Perithia** (**3Std55Min**).

Um Ano Perithia zu verlassen, gehen wir rechts von der Taverne Capricorn zwischen weiteren leerstehenden, verschlossenen Häusern bergauf. Am Straßenrand stehen die hohen gelben Blütenstände der Königskerze. Wir folgen der Straße bis nach **Loutses** (**4Std35Min**), das vor dem herrlichen Hintergrund des schimmernden Meeres und der gewaltigen dunklen Berge Albaniens liegt. (Wenn man hier auf einen Bus warten möchte, sollte man an der ersten Bushaltestelle vorbeigehen, wo der Bus wendet, und bis zur zweiten Bushaltestelle weiterlaufen, die nach knapp 15 Minuten kommt. Hier kann man bequem in einem Café auf den Bus warten.)

Wir jedoch, die wir zum Kalamaki-Strand wollen, gehen fünf Minuten nach der ersten Bushaltestelle mit dem Wendeplatz die erste Straße nach rechts hinauf. Dann kommen wir durch eine kleine Häuseransammlung. Wir halten uns an der ersten Verzweigung rechts (nach einer Minute), an der zweiten links (drei Minuten später) und folgen der Asphaltstraße. Am Ende der Straße liegt der kleine Weiler **Anapaftiria** (**4Std55Min**). Ab hier folgen wir dem breiten Feldweg, der sich hinter den Häusern fortsetzt. Nach zwei Minuten können wir über das leuchtendblaue Meer nach Albanien hinüberblicken. Diese wunderbare Aussicht begleitet uns auf der ganzen restlichen Wanderung. Der Weg schlängelt sich allmählich zur Küste hinab; es gibt keine Abzweigungen. Verbreitet gedeiht am Hang die Meerzwiebel mit ihrem schönen weißen Blütenstand. In der Nähe der Küste wetteifert eine hohe Distelart mit buschigen Blütenköpfen *(Cardopatium corymbosum)* mit der Königskerze um höheren Wuchs.

Links taucht der Sandstrand von Kalamaki auf. Bald führt der Weg in einen Hain mit Büschen und Lorbeerbäumen. Wir gehen an einem links abzweigenden Weg vorbei. 50 Minuten nach Anapaftiria stoßen wir direkt oberhalb der **Seki-Bucht** (**5Std45Min**) auf die Straße. Diese reizende kleine Bucht liegt hinter Zypressen verborgen und ist ideal für einen Sprung ins Meer. Es gibt eine kleine Taverna an der Hauptstraße. Falls man sich hier aufhält, bis der Bus kommt, sollte man mindestens zehn Minuten vor der Abfahrtszeit zur Haltestelle loslaufen. Das Buswartehäuschen kommt links vor dem **Kalamaki-Strand** (**5Std55Min**).

8 NIMFES • KLOSTER AG TRIADA • KLIMATIA

Siehe die Karte auf der Rückseite der Autokarte

Länge: 13,0 km; 3 Std. 55 Min.

Schwierigkeitsgrad: mittelschwer. Steiler Abstieg über 100 Höhenmeter in die Talsohle (Vorsicht bei Nässe); Aufstieg über 350 Höhenmeter aus dem Tal zum Kloster Ag Triada

Ausrüstung: Wanderstiefel oder feste Schuhe, Sonnenhut, Sonnencreme, Sonnenbrille, langärmeliges Hemd, lange Hose, Regenzeug, Proviant, Getränke

Anfahrt: in Richtung Roda bis zur Abzweigung nach Nimfes, die etwa 2 km hinter Ag Douli kommt; Fahrzeit 50 Min.
Rückfahrt: von Klimatia *(nicht in den Fahrplänen;* Abfahrt nur Mo-Sa 15 Uhr)

Kurzwanderung: Nimfes — Kloster Pantokrator von Nimfes — Nimfes: 5,5 km; 2 Std. 05 Min.; leicht; feste Schuhe reichen. wie oben oder hin und zurück nach Nimfes: Man parkt an der breiten Straße nahe dem Brunnen und öffentlichen Park; die Wanderung verkürzt sich um 1 Std. 10 Min. Man folgt der Wanderung, bis sie an der 1Std20Min-Stelle zum Kloster Ag Triada abzweigt. Hier hält man sich rechts und kehrt nach Nimfes zurück (1Std30Min); dann geht man zur Bushaltestelle hinab (2Std05Min).

Varianten

1 Nimfes — Kloster Ag Triada — Klimatia: 8,5 km; 2 Std. 45 Min.; mittelschwer; recht steiler Aufstieg über etwa 275 Höhenmeter zum Kloster. Anfahrt wie bei der Hauptwanderung. Am Brunnen in Nimfes überquert man die Straße und geht die Straße hinauf, die fast genau gegenüber dem Brunnen abzweigt. Gut fünf Minuten später schließt man sich der Wegbeschreibung auf Seite 77 ab der 1Std20Min-Stelle an.

2 Nimfes — Moni Pantokrator — Moni Ag Triada — Klimatia — Nimfes: 17,0 km; 4 Std. 55 Min. Schwierigkeitsgrad wie bei der Hauptwanderung bis nach Klimatia, dann leichte Tour entlang der Straße nach Nimfes zurück. Man folgt der Hauptwanderung bis zur 3Std55Min-Stelle, biegt dann nach rechts und folgt der Straße zurück nach Nimfes (etwa 4 km; 1 Std.)

Diese Wanderung führt zu zwei wenig bekannten Klöstern Korfus, die in ganz unterschiedlichen Landschaften liegen. Das Kloster Pantokrator von Nimfes steht versteckt in einem Zypressenwald hoch über einem üppiggrünen Tal. Das Kloster Ag Triada schmückt einen Bergkegel mit herrlichem Ausblick auf den mit Olivenbäumen bestandenen Norden. Von einem üppigen Tal mit Gärten und Bäumen wandern wir zu den trockeneren, steinigen und mit Olivenbäumen bestandenen Berghängen hinauf. Umgeben von rosablühendem Heidekraut und Erdbeerbäumen mit ihren glänzenden Blättern erklimmen wir einen Felsgipfel. Beim Abstieg durch Olivenhaine kommen wir an den traurigen Überresten eines Steineichenwäldchens vorbei; es gibt davon nur noch wenige auf Korfu.

Ausgangspunkt ist die ABZWEIGUNG NACH NIMFES an der Straße in Richtung Roda. Wir wandert direkt nach **Nimfes** hinauf (**35Min**). Dieses Dorf mit seinen alten und neuen Häusern breitet sich auf einem Bergrücken aus. An der Verzweigung bei einem Denkmal und einer Kirche halten wir uns rechts. Einige

Minuten später kündet das Geräusch glucksenden Wassers einen Brunnen mit neun Spritzdüsen an, der unterhalb der Straße steht. 40 m danach, unmittelbar nach der öffentlichen Grünanlage, kommt die Abzweigung zum Kloster Pantokrator von Nimfes. Hier biegen wir rechts auf den breiten betonierten Weg ab. Nach zwei Minuten Anstieg, auf einer Anhöhe, wenden wir uns rechts auf einen betonierten Weg, der durch Olivenhaine führt. Nach einer Minute gehen wir an dem rechts abzweigenden Sträßchen und bald danach an dem linken Seitenweg vorbei. Etwa eine Viertelstunde hinter Nimfes kommt eine Kapelle, die von einigen Kastanienbäumen umgeben ist. Wir folgen dem Pfad rechts von der Kapelle und erreichen nach einer Minute bergab das verlassene Kloster **Pantokrator von Nimfes** (**55Min**; Picknick 8).

Wir gehen die Stufen vom Klostergelände hinab und erreichen nach einer Minute eine Quelle. Dahinter steigen wir empor und werfen einen Blick in die winzige Höhlenkapelle. Beim Abstieg ins Tal führt unsere Route an der Quelle vorbei und biegt nach rechts. Zwei Minuten später gehen wir an einer unscheinbaren Verzweigung nach links hinab und erreichen bald die Bachaue. Wir überqueren einen unscheinbaren Weg; dann schwenkt unsere Route nach rechts und überquert den Bach. Es gibt keine Brücke, aber mit Behendigkeit kann man den Bach auf querliegenden Asten überqueren. Dahinter gelangen wir auf einen Feldweg, dem wir nach rechts folgen. Nach etwa 15 Minuten halten wir uns an einer Verzweigung rechts. Wir gehen an zwei Linksabzweigungen vorbei, überqueren eine Betonbrücke und passieren einen Betonschuppen (rechts). Wir bleiben stets auf dem Hauptweg.

Wir erreichen die STRASSE NACH NIMFES (**1Std20Min**) und folgen ihr links zum Kloster Agia Triada. *(Die Kurzwanderung führt hier rechts nach Nimfes zurück; die Variante schließt sich der Hauptwanderung an.)* Sogleich kommen wir

Kloster Pantokrator von Nimfes (Picknick 8)

am Fußballplatz vorbei und wandern geradeaus weiter, vorbei an dem rechts ansteigenden betonierten Weg. Das Tal erstreckt sich zum Bergmassiv des Pantokrator. Nach gut fünf Minuten kommt eine Verzweigung, an der wir rechts auf dem holprigen Schotterweg hangaufwärts wandern. Ein steiler Anstieg liegt vor uns. Nach wenigen Minuten kommt rechts eine kleine Quelle; auf der anderen Wegseite befindet sich ein Wasservorratsbehälter. Wir bleiben auf dem Hauptweg und gehen an Wegen vorbei, die beiderseits einmünden, bis wir nach etwa 50 Minuten Anstieg an einer Verzweigung rechts weitergehen. Von hier aus ist die Kapelle auf dem Gipfel erkennbar. Der Weg verläuft durch Olivenhaine und führt bald durch das Gesträuch, das den Hang bedeckt. Vor uns sehen wir einen holprigen Weg, der am Hang unterhalb der Kapelle verläuft. Wir folgen diesem Weg bergauf; er führt um die Hangschulter zu einer betonierten Zufahrt. Hier biegen wir nach rechts und folgen ihr zum Gipfel hinauf, der von der Kapelle **Moni Ag Triada** (**2Std50Min**) gekrönt ist. Von hier oben sieht man die lange, sanft geschwungene Bucht von Roda. Nahe der Kapelle stehen Sitze; hier kann man eine Rast machen. Drei freundliche Hunde leisten Gesellschaft.

Wir verlassen das Kloster auf dem Weg, über den wir gekommen sind. Nun bleiben wir auf diesem Weg und folgen ihm bis nach Klimatia. Fast völlig vom sommerlichen Dunst verhüllt, werden die Theapondinisi-Inseln sichtbar. Nach gut zehn Minuten bergab gehen wir an einem rechts abzweigenden Weg vorbei; zehn Minuten später lassen wir eine Linksabzweigung unbeachtet. Am Ortsrand von **Klimatia** stoßen wir direkt bei der BUSHALTESTELLE auf die Straße (**3Std55Min**). Falls man den Bus um 15 Uhr verpaßt hat, geht man 40 Minuten zur Hauptstraße Roda/Korfu-Stadt weiter und nimmt hier den Bus Roda/Korfu-Stadt.

Wanderung 9: kleiner See und Weinberge auf dem Weg nach Spartilas

9 TROUMPETA • SOKRAKI • SPARTILAS • (PYRGI)

Siehe die Karte auf der Rückseite der Autokarte; Foto gegenüber

Länge: 10,5 km; 2 Std. 55 Min.

Schwierigkeitsgrad: leichte Wanderung auf einem Schotterweg; ein kurzer Abschnitt auf etwas überwucherten Pfaden

Ausrüstung: Wanderstiefel oder feste knöchelhohe Schuhe, Sonnenhut, Sonnencreme, Sonnenbrille, langärmeliges Hemd, lange Hose, Pullover, Regenzeug, Badesachen, Proviant, Getränke

Anfahrt: 🚌 (in Richtung Roda oder Sidari) nach Troumpeta; Fahrzeit 35 Min.
Rückfahrt: 🚌 von Spartilas (Fahrzeit 40 Min.) oder Pyrgi/Ipsos (Fahrzeit 25 Min.)

Kurzwanderungen

1 **Von Troumpeta nach Sokraki:** 5,0 km; 1 Std. 15 Min.; leicht (stets auf einem Weg); Ausrüstung und Anfahrt wie oben; Rückfahrt mit 🚌 von Sokraki. Man folgt der Wanderung bis Sokraki.

2 **Von Sokraki nach Spartilas**: 5,3 km; 1 Std. 45 Min.; Schwierigkeitsgrad und Ausrüstung wie oben. Der einzige geeignete Bus nach Sokraki fährt um 14 Uhr ab (außer sonn-/feiertags). Man folgt der Wanderung ab Sokraki (1Std10Min-Stelle) und fährt mit dem Bus zurück (siehe oben).

3 **Rundwanderung von Sokraki aus:** 5,8 km; 2.20 Std. Schwierigkeitsgrad und Ausrüstung wie bei der Hauptwanderung. Besonders empfehlenswert für motorisierte Urlauber. 🚌 oder 🚗 nach Sokraki; am Straßenrand parken, wo man Sokraki nach Zigos verlässt. Man folgt der Hauptwanderung von der 1Std10Min-Stelle bis zur 2Std15Min-Stelle. Dann biegt man rechts auf den Weg und hält sich nach einigen Minuten an einer Verzweigung rechts bergauf. Man bleibt auf diesem Weg und geht an Abzweigungen vorbei. Während man am Hang ansteigt, bieten sich schöne Ausblicke nach Osten und Süden; die Inseln Lazareto und Vido sind deutlich erkennbar, ebenso Korfu-Stadt, die Halkiopoulos-Lagune und die Berge dahinter. Man folgt dem Weg, bis er scharf nach rechts biegt und ein kleines Plateau überquert, wo man wieder auf den Hinweg gelangt. Man folgt ihm nach links und ist binnen 10 Minuten wieder am Ortsrand von Sokraki.

Wenn man ein paar Brocken Griechisch beherrscht, dann wird man von den Einheimischen, denen man auf dieser Wanderung begegnet, ganz besonders freundlich empfangen. Gerade die ältere Landbevölkerung ist äußerst gastfreundlich. Aber man muss *selbst* auf die Menschen zugehen, da die Einheimischen zu Recht davon ausgehen, dass nur die wenigsten Touristen des Griechischen mächtig sind. Die Wanderung führt am Kamm einer jäh abfallenden Steilwand entlang, die in ost-westlicher Richtung die Spitze der Insel abschnürt. Der Ausblick reicht über den Norden und Süden — von sanfter Hügelland-schaft bis zur geschwungenen Küstenlinie. Das ländliche Korfu präsentiert sich hier von seiner schönsten Seite.

Unser **Ausgangspunkt** liegt in dem Weiler **Troumpeta**, direkt auf der Passhöhe an der Bushaltestelle. Wir gehen die Straße nach Süden in Richtung Korfu-Stadt zurück und biegen nach 50 m links auf einen breiten Schotterweg ab, der an der Steilwand ansteigt. Dieser Weg wird uns nach Sokraki führen. Anfangs schweift der Blick über das zentrale Tiefland; weiter östlich liegen die auffälligen Heuwiesen der Ropa-Ebene. Zu unserer Rechten taucht als erstes Dorf Liapades auf. Kurz danach kommt Doukades in Sicht. Schließlich (**15Min**) weitet sich der Blick nach Norden (Picknick 9). An klaren Tagen sieht man die Theapondinisi-Inseln: Othoni (die größte), Erikoussa (weiter rechts) und Sanothraki. Obwohl sie alle bewohnt sind, sind sie vom Tourismus noch unberührt.

Während des Anstiegs auf dem Kammrücken sehen wir brachliegende Felder. Dann (**30Min**) befinden wir uns am Rande einer kleinen, von einigen Hangterrassen umgebenen Ebene. Die Felsen auf dem Kamm leuchten in der sengenden Mittagssonne strahlend weiß. Fast von Bäumen und buschigen Steineichen verdeckt, stehen die Überreste eines Gehöftes am Rande der Ebene. In der Nähe des Weges steht eine VIEHTRÄNKE.

Während wir nach Sokraki wandern, kommen wir an Obsthainen, Weinbergen und kleinen Gärten vorbei. Dahinter erstreckt sich Macchie; Zypressen stehen vereinzelt an den Hängen. Wir gehen an einem links abzweigenden Weg vorbei (**40Min**). Zwei Minuten später tauchen einige Gehöfte auf einer bewaldeten Anhöhe oberhalb des Weges auf. Direkt hinter der Biegung beherrscht das kühne Bergmassiv des Pantokrator die Landschaft. Oft begegnet man hier Dorfbewohnern, die meist mit einem beladenen Esel und ein paar Ziegen unterwegs sind; weit hinten trödelt ein Hund hinterher. Kurz nachdem wir an der Linksabzweigung eines Weges vorbeigegangen sind, schweift der Blick hinter einer Biegung über eine landwirtschaftlich genutzte Niederung nach Sokraki. Im Ort setzt sich der Weg asphaltiert fort. Wir gehen an einer rechts abzweigenden Straße vorbei und erhaschen sogleich einen Blick auf den Golf. Dann wenden wir uns links auf die Straße, die an mehreren Cafés vorbei durch die Ortsmitte von **Sokraki** führt (**1Std10Min**). *(Kurzwanderung 1 endet hier; Kurzwanderungen 2 und 3 beginnen hier.)*

Die weitere Wanderung nach Spartilas folgt nun einem Teilstück des Corfu Trail und ist mit gelben Pfeilen und Punkten markiert. Wir gehen an der rechts abzweigenden Straße vorbei und verlassen Sokraki auf der Hauptstraße. In einer Kurve gleich hinter dem Ortsende (wenige Meter nach dem Ortsschild ›Sokraki‹) biegen wir rechts auf einen Weg ab, um zum Kamm der Anhöhe zurückzukehren. Binnen zehn Minuten befinden wir uns oberhalb von brachliegenden Ackerterrassen, die zum Talboden hinabziehen. Ein Stückchen weiter verzweigt sich der Weg: Wir halten uns links, gehen also mehr oder weniger geradeaus weiter. Bald zeigt sich das Massiv des Pantokrator. (Am linken Wegesrand liegen leider Müllhalden.) Jenseits des Tals liegt Sgourades. Der Weg verschmälert sich zum Pfad und führt zu einer LICHTUNG hinab. Wir biegen rechts ab, um die Lichtung zu verlassen, und wandern zur Talsohle hinunter.

Wenige Minuten nach der Lichtung kommen wir inmitten des Gesträuchs an Ackerterrassen vorbei. Direkt danach taucht links ein Gehöft auf, das teilweise vom Gesträuch verdeckt ist. Wir bleiben auf dem Hauptpfad, der hier nach rechts biegt, und gehen an allen unscheinbaren Seitenwegen vorbei, die rechts abzweigen.

Über einige Terrassenmauern hinweg führt der Pfad zur TALSOHLE hinab. Wir gehen bis zur Mitte der Talsohle, bis wir vor einem Zypressenhain stehen. Hier wenden wir uns nach rechts und folgen dem Tal. Der Pfad schwenkt allmählich zur rechten Talseite. Nach zehn Minuten gehen wir zwischen einer WASSERZISTERNE und einer STEINHÜTTE hindurch. Unsere Route schwenkt wieder leicht nach rechts und führt über brachliegende, überwucherte Ackerterrassen bergab, die von Bäumen und Büschen begrenzt sind. Einige Terrassenmauern, über die wir hinabsteigen müssen, während wir dem schönen Waldpfad folgen, sind ziemlich hoch. Wir lassen das Gesträuch hinter uns und gelangen in eine ländliche Gegend mit Olivenhainen, Obstbäumen, Gemüsegärten und Weinbergen. Die Route verläuft nun auf der rechten Talseite. Nach einer Minute kommt eine Betonwand unterhalb eines Weinbergs; auf der anderen Seite steht eine Pergola. Vor der Mauer biegen wir nach rechts und gelangen direkt oberhalb davon auf einen WEG (**2Std 15Min**). Wir biegen links auf den Weg *(Kurzwanderung 3 biegt nach rechts).* Der Weg setzt sich bald als asphaltiertes Landsträßchen fort und führt an gepflegten Weinbergen und einem kleinen See mit laut quakenden Kröten (links) vorbei nach Spartilas.

Wir folgen der Straße zu einer Verzweigung und biegen dort nach rechts. Nach einer Minute haben wir von einem Parkplatz auf der rechten Seite einen ausgezeichneten Blick auf Spartilas. **Spartilas** (**2Std55Min**) liegt in einer Falte des Berghangs und genießt einen herrlichen Ausblick auf den Golf. Die (nicht markierte) BUSHALTESTELLE liegt gleich hinter dem Gemeindeamt (›ΚΟΙΝΟΤΙΚΟΝ ΓΡΑΦΕΙΟΝ ΣΠΑΡΤΙΛΑ‹) auf der rechten Seite.

Wenn man noch nicht völlig erschöpft ist, kann man nach Pyrgi weiterwandern, das noch gut eine Stunde entfernt ist. Die Route führt über Straßen und gepflasterte Wege, und soweit nicht zu viel Verkehr herrscht, ist es ein schöner Abstieg. Dazu gehen wir direkt vor dem Gemeindeamt rechts die Gasse hinab. Auf der Rückseite des Gebäudes biegen wir nach links und halten uns dann rechts bergab. Zwei Minuten nach Verlassen der Straße, sobald sich der Weg zum Sträßchen verbreitert, steigen wir rechts die breiten Stufen hinab, bis wir die Straße erreichen. Ab hier wandern wir den Pfad hinunter, der die Serpentinen der Straße abkürzt. Zum Schluss führt uns der Pfad zur Straße an der Küste in Pyrgi hinab, wo die Bushaltestelle liegt.

10 PEROULADES • KAP DRASTIS • PEROULADES • AVLIOTES • MAGOULADES

Länge: 12,0 km; 3 Std. 55 Min.

Schwierigkeitsgrad: leicht bis mittelschwer. Aufstieg über insgesamt 200 Höhenmeter; ein ziemlich steiler Aufstieg über etwa 80 Höhenmeter dauert zehn Minuten.

Ausrüstung: Wanderstiefel oder Schuhe mit Profilsohle, Sonnenhut, Sonnencreme, Sonnenbrille, langärmeliges Hemd, lange Hose, Vlies, Regenzeug, Badesachen, Proviant, Getränke

Anfahrt: 🚌 nach Peroulades; Fahrzeit 1 Std. 20 Min.
Rückfahrt: 🚌 von Magoulades; Fahrzeit 1 Std. 10 Min.

Kurzwanderungen

1 Peroulades — Kap Drastis — Peroulades: 2,8 km; 1 Std. 10 Min.; Schwierigkeitsgrad und Ausrüstung wie oben; 🚌 oder 🚗 hin und zurück nach Peroulades (auf dem Dorfplatz parken). Man kann auch den Strand einbeziehen und einen Tag am Meer genießen. Man folgt der Hauptwanderung bis zum Kap und zurück.

2 Magoulades — Kloster Ipsili und Kloster Ithamini — Magoulades: 6,5 km; 1 Std. 40 Min.; leicht; feste Schuhe reichen. 🚗 hin und zurück nach Magoulades (die Busse fahren ungünstig); nahe der Kirche am oberen Ende der Ortschaft parken. Man folgt der Straße gegenüber der Kirche und wandert auf der gesamten Anhöhe entlang. Nach 30 Min. gelangt man auf einen Weg, der von links heranführt. Nach knapp einer Minute ist man an der Abzweigung zu den Klöstern. Nun schließt man sich der Hauptwanderung ab der 2Std50Min-Stelle an und folgt ihr bis zum Ende.

Die Klippen am Kap Drastis sind atemberaubend. Winzige Eilande wurden von der Abtragung kreisförmig herauspräpariert. Eine kleine Bucht, die tief in die Felsküste eingebettet ist, erlaubt ungestörtes Baden (außer an Sonn- und Feiertagen) für all jene, die Abgeschiedenheit suchen. Wer aber lieber etwas Sand und Gesellschaft mag, kann sich an den genauso schönen Strand bei der Ortschaft begeben. Im Schatten der weitverbreiteten Olivenbäume führt die Wanderung dann in das stille Bergland des Inselinneren, wo man in den Mauern zweier Klöster Ruhe und Frieden findet. Motorisierte Urlauber können die beiden Kurzwanderungen getrennt voneinander unter-

Moni Ipsili

nehmen, um den langen Marsch auf der Straße zu vermeiden, der Drastis und die Klöster miteinander verbindet.

Ausgangspunkt ist der Parkplatz bzw. die Bushaltestelle direkt unterhalb des Dorfplatzes in **Peroulades**. Wir laufen die Hauptstraße etwa 30 m in den Ort hinein und gehen dann rechts ein betoniertes Sträßchen mit der Ausschilderung ›CAPE DRASTIS‹ empor. Es führt zur Kirche und Schule hinauf, die auf demselben Grundstück stehen. An der linken Seite der Schule vorbei wandern wir geradeaus einen Weg bergan. Wir überqueren die Bergkuppe und gehen an dem Weg vorbei, der von rechts einmündet. Nun beginnt der Abstieg zum Meer; man spürt schon die salzige Seeluft. Am Horizont zeichnen sich in langer Reihe die Berge Albaniens ab.

Nach etwa 50 m Abstieg führen links Stufen zu einem Aussichtspunkt empor, doch ist *Vorsicht* geboten. Ohne jegliche Vorwarnung stehen wir plötzlich am Rande eines Abgrunds; blendend-weiße Klippen umgeben die Landspitze. Nach dem Aussichtspunkt gehen wir geradeaus an dem Feldweg vorbei, der ins Inselinnere führt. Drei Minuten später bietet sich der schönste Ausblick auf diese reizvolle Landschaft (Foto auf Seite 84): Dicht vor der Küste liegt ein Reigen kleiner Inseln. Wir folgen dem Hauptweg bergab zur BUCHT am **Kap Drastis**

(**30Min**). Hier kann man gut im Meer baden, da das Wasser nicht allzu tief ist und man leicht wieder ans Ufer kommt. Steil erhebt sich eine eindrucksvolle weiße Felswand an der Küste aus dem kristallklaren blauen Wasser.

Wir kehren auf demselben Weg nach **Peroulades** zurück (**1Std05Min**) und wenden uns unterhalb der Schule nach rechts auf die Dorfstraße. Der Ort ist vom Tourismus noch weitgehend unberührt. Nach drei Minuten nehmen wir rechts die erste asphaltierte Gasse mit der Ausschilderung ›LOGAS BEACH/ TAVERNA SUNSET‹. Nach knapp einer Minute biegen wir nochmals rechts, passieren das Restaurant (rechts) und gehen ein paar hundert Meter weiter bis zu einen Parkplatz am Klippenrand. Direkt unterhalb von uns (aber noch außer Sichtweite) liegt ein herrlicher Strand. Nur ein dünner Sandstreifen trennt das Meer von den hoch aufragenden Klippen. Ein steiler Pfad führt uns in zwei Minuten zum Strand hinab.

Vom Strand kehren wir zu der Abzweigung zurück und gehen rechts auf einer kurvenreichen Landstraße zwischen Feldern in Richtung Avliotes weiter. Nach gut fünf Minuten halten wir uns an einer Verzweigung rechts, d.h. wir wandern mehr oder weniger geradeaus weiter. Etwa 25 Minuten nach

Der schönste Ausblick auf das Kap Drastis

Verlassen des Strandes stoßen wir auf die Hauptstraße und marschieren nach rechts ansteigend durch **Avliotes** (**1Std 40Min**). Gut fünf Minuten später haben wir das Ende dieses wenig einnehmenden Ortes erreicht und gehen an einer Verzweigung nach links in Richtung Ag Stefanos weiter (beschildert).

Wir gehen an der ersten Linksabzweigung vorbei, aber 10 Minuten nach Avliotes biegen wir links auf eine unbeschilderte Asphaltstraße ab (die zweite Linksabzweigung, die man erreicht). Die Straße steigt in Richtung Garnades an. Nach steilem Anstieg gehen wir an der Rechtsabzweigung vorbei geradeaus weiter. *Zorro* — maskierte Schafe mit ungleichmäßigen schwarzen Socken— grasen hier manchmal auf den Hängen. An einem rosafarbenem Haus endet die Asphaltstraße; wir gehen rechts bergauf auf einem Weg weiter. Bald tauchen Kap Arilas und die Gravia-Insel rechts in einem V-förmigen Hangeinschnitt auf. Wir gehen geradeaus auf dem Weg weiter. Bald ist links Avliotes zu sehen, eine Ansammlung rosafarbener Häuser, die gestaffelt auf einer Anhöhe jenseits des Tals stehen. Aus der Ferne betrachtet sieht der Ort schöner aus.

Nach einer halben Stunde Anstieg von der Straßenverzweigung (d.h. 10 Minuten von Avliotes entfernt) erreichen wir eine Vier-Wege-Verzweigung und gehen geradeaus einen verbreiterten Weg hinauf, der leicht mit Teer besprüht ist. Nach gut fünf Minuten Anstieg von der Verzweigung gelangen wir auf eine Asphaltstraße. Wir folgen ihr zwei Minuten nach links und nehmen dann die rechts abzweigende asphaltierte Zufahrt hinab zum **Moni Ithamini** (**3Std**), das sich in eine Hangmulde unter Zitrusbäumen, Japanischen Mispeln und Ulmen schmiegt. Das Klostergebäude ist heute ein europäisches Jugendzentrum.

Vom Moni Ithamini nehmen wir den Pfad links um das Gebäude und folgen dann einem Weg bergauf um die Hangschulter. Das nächste Kloster steht links oberhalb von uns versteckt zwischen Bäumen. Wir biegen an der nächsten Verzweigung nach links und folgen einem Betonsträßchen hinauf zum **Moni Ipsili** (**3Std05Min**), das einige wertvolle Ikonen und Gemälde besitzt (sie werden jedoch verschlossen verwahrt).

Um die Wanderung fortzusetzen, gehen wir das Betonsträßchen zur Straße hinunter und folgen ihr nach links. Wir brauchen nun auf keinerlei Abzweigungen mehr zu achten. Nach zehn Minuten können wir allerdings einen Abstecher nach rechts zu einer einsamen Kirche hinauf machen, um die Aussicht zu genießen. Wir folgen weiter der Straße, die nach **Magoulades** hinabführt; gegenüber steht eine Kirche. Wir wenden uns nach links und gehen durch dieses farbenfrohe Dorf. Nach knapp 20 Minuten Abstieg liegt die BUSHALTESTELLE nach Korfu-Stadt (**3Std55Min**).

11 PALEOKASTRITSA • LAKONES • MAKRADES • BUCHT AG GEORGIOS • AFIONAS • PORT TIMONE • AFIONAS

Siehe die Karte auf Seite 90-91; siehe die Fotos Seite 10-11, 28

Länge: 17,2 km; 4 Std. 55 Min.

Schwierigkeitsgrad: anstrengend. Auf-/Abstiege über insgesamt 500 Höhenmeter. Die Pfade sind bei Nässe rutschig.

Ausrüstung: Wanderstiefel oder festes Schuhwerk mit griffiger Sohle und Knöchelschutz, Sonnenhut, Sonnenbrille, Sonnencreme, langärmeliges Hemd, Vlies, lange Hose, Regenzeug, Badezeug, Proviant, Getränke

Anfahrt: 🚌 nach Paleokastritsa (Fahrzeit 40 Min.)

Rückfahrt: 🚌 von Afionas; Fahrzeit 2.15 Std. Die Abfahrtszeit dieses Busses ist unterschiedlich, so dass man sich frühzeitig einfinden sollte! Oder man bestellt nach Ankunft in Afionas in einem der Cafés telefonisch ein Taxi von Sidari, um nach Sidari zu fahren, wo es bessere Busverbindungen gibt.

Kurzwanderungen

1 Afionas — Port Timone — Afionas: 2 km; 1 Std. 10 Min. Mittelschwerer Ab-/Aufstieg über 100 Höhenmeter; festes Schuhwerk tragen. 🚗 nach Afionas und zurück; im Ort am Ende der Straße parken und den Platz freihalten, wo der Bus wendet. Man schließt sich der Hauptwanderung an der 3Std45Min-Stelle an und folgt ihr bis zum Ende.

2 Afionas — Kap Arilla — Afionas: 1 km; 30 Min. Leicht; Anfahrt wie bei Kurzwanderung (1) oben. Man schließt sich der Hauptwanderung an der 4Std55Min-Stelle an, folgt ihr zum Aussichtspunkt (Picknick 11b) und geht zum Dorf zurück.

Variante: Ag Georgios — Afionas — Port Timone — Afionas — Ag Georgios: 8 km; 2 Std. 40 Min. Mittelschwer; Ab-/Aufstiege über insgesamt 400 Höhenmeter; Ausrüstung wie bei der Hauptwanderung. Dies ist eine schöne Stichwanderung, die für motorisierte Urlauber ideal ist. Man lässt das 🚗 an dem langen Sandstrand von Ag. Georgios stehen. Dies ist die 2Std50Min-Stelle der Hauptwanderung: man folgt der Wegbeschreibung auf Seite 89 bis nach Afionas. Dann geht man auf dem Hinweg zurück nach Ag Georgios, wo man wieder baden kann oder Erfrischungen bekommt.

Paleokastritsa ist Korfus touristisches Mekka. Zum Glück hat die touristische Entwicklung diesen natürlichen Vorteil noch nicht beeinträchtigt. Unsere Wanderung bietet herrliche Ausblicke. Nach dem anfänglichen steilen Aufstieg zum Bergdorf Lakones bieten sich erste Ausblicke zurück auf die von Pinien gesäumten Strände um Paleokastritsa. Weiter ansteigend führt die Wanderung landeinwärts zum schönen Dorf Makrades. Bald danach geht es auf einem alten Muliweg in Kehren bergab und es bieten sich weitere schöne Ausblicke über die schimmernde hufeisenförmige Bucht von Ag Georgios. Nach einem längeren Abschnitt entlang dem Sandstrand steigt der Pfad zum Bergdorf Afionas an. Der letzte Teil der Stichwanderung bietet schöne Ausblicke auf die Zwillingsbuchten von Port Timone.

Die Wanderung beginnt am PARKPLATZ bzw. der BUSEND-

HALTESTELLE in **Paleokastritsa**. Wir gehen die Hauptstraße etwa 200 m zurück. Dann nehmen wir die erste Linksabzweigung, direkt nach einem Parkplatz und gegenüber der TAVERNA CALM. Nach etwa 70 m bergauf biegen wir rechts auf ein Sträßchen. Nun beginnt der eigentliche Anstieg. Wir gehen diese Straße etwa 10 Minuten hinauf, bis wir einen Weg sehen, der links ansteigt. (An dieser Stelle verflacht sich die Straße kurz und es gibt ein Wasserrohr am Straßenrand.) Wir biegen links auf den Weg und wandern geradeaus bergauf. Bald befinden wir uns auf einem schönen alten steingepflasterten Pfad. Nach wenigen Minuten Anstieg mündet von rechts ein Pfad ein; wir wandern geradeaus weiter im Schatten von Ölbäumen. Sichelförmige Ackerterrassen erstrecken sich am Hang. Auf halber Strecke nach Lakones gelangen wir in einen Korridor in einer senkrechten Felswand. Hinter diesem Korridor kommen wir wieder auf terrassierte Hänge, überqueren einen Weg und gelangen dann nach **Lakones**. Der Pfad schwenkt nach rechts, wo vor uns eine Gasse quer verläuft. Wir gehen diese Gasse nach links hinauf, stoßen auf die STRASSE (**40Min**) und biegen nach links. *(Wanderung 12 führt hier nach rechts.)*

Wir folgen dieser schmalen Straße und achten auf den Verkehr, der im Einbahnverfahren (durch Ampeln an den beiden Ortsenden gesteuert) hindurchfließt. Sobald die Lücken zwischen den Häusern größer werden, bieten sich schöne Ausblicke zur Küste hinab. Nach fünf Minuten verlassen wir die Straße und steigen Stufen zu einem Pfad gegenüber einem Laden hinauf (ALKI'S ARTIST OLIVE WOOD PRODUCTION). Nach gut 10 Minuten Anstieg ist links jenseits der Talsohle ein Foliengewächshaus erkennbar. Der Weg, der dahinter am Hang ansteigt, wird uns aus dem Tal führen. Um auf den Weg zu gelangen, gehen wir auf dem Hauptpfad weiter, bis wir uns direkt auf Höhe des gegenüberliegenden Gewächshauses befinden. Hier lassen wir den rechts abzweigenden Pfad unbeachtet, aber nach 40 m verlassen wir den Hauptpfad und

Ausblick beim Abstieg zum Strand Ag Georgios

Links: der alte Muliweg hinunter zum Strand von Ag Georgios; rechts: Afionas

biegen scharf nach links zurück, um auf einen Pfad zu gelangen, der in ein paar Minuten zum rechten Ende des GEWÄCHSHAUSES und des Weges führt. Falls man hier jemanden trifft, sollte man fragen, ob man den Weg hinaufgehen darf. Dieser Weg führt uns zu einem anderen Weg, dem wir nach rechts folgen. Wir gehen an einem rechts abzweigenden Weg vorbei, laufen zur HAUPTSTRASSE hinauf und biegen nach links (**1Std05Min**).

Nun folgen wir der Straße zum Ortsrand von Vistonas. Unmittelbar nach dem Ortsschild von **Vistonas** biegen wir links auf ein Betonsträßchen (neben einem HEILIGENSCHREIN am Straßenrand), das uns an einer Kirche vorbeiführt. Von der Kirche gehen wir geradeaus bergab und gelangen wieder auf die Straße. Wir erreichen die Makrades-STRASSENVERZWEIGUNG (**1Std25Min**) und gehen rasch nach rechts, bevor die Standinhaber herauseilen, um uns zu nötigen, ihre lokalen Weine vom Fass zu verkosten. Wir gehen weiter durch **Makrades**, bis wir auf ein betoniertes Quersträßchen stoßen (unmittelbar nach den letzten Häusern und einem Kafeneion; jenseits dieses Sträßchens liegt ein Feld). Wir folgen dem Sträßchen nach rechts. Der Betonbelag endet schon bald und es geht auf einem Schotterweg weiter. Nach wenigen Minuten bergab mündet von links ein schöner Pfad, von niedrigen Steinmauern gesäumt, ein. *(Hier führt Wanderung 12 links nach Krini, einem schönen Bergdorf.)*

Nach zehn Minuten Abstieg endet der Weg an einer Fahrzeugschranke. Vor uns bietet sich ein völlig unerwarteter Anblick: der Pfad — der alte Muliweg zum Meer hinab — führt durch einen Korridor im Felshang. Dahinter hängen wir gleichsam über der herrlichen Bucht Ag Georgiou; unten liegt das strahlend blaue, türkisfarben schimmernde Meer. An der Steilwand klebend führt der alte Muliweg im Zickzack bergab. Der Blick schweift über die klare Bucht zum Kap Arilla und den Theapondinisi-Inseln. Nach zehn Minuten Abstieg gelangen wir auf einen Weg und gehen nach links in Richtung Küste hinab. An der folgenden Verzweigung wenden wir uns rechts auf einen Weg, der parallel zur Bucht verläuft. Dies ist ein wunderschöner Abschnitt; durch die Ölbäume fällt der Blick auf das grüne Meer hinab. Eine Reihe von Wegen führt zum Meer hinunter und man kann sie alle nehmen. Etwa 50 Minuten nach

Verlassen des Zickzack-Muliweges erreichen wir den **Strand Ag Georgios** (**2Std 50Min**; Picknick 11a).

Wir folgen dem Weg hinter dem Strand und erreichen nach etwa 10 Minuten den FERIENORT **Ag Georgios**. Diese Ansiedlung geht nicht auf ein gewachsenes Dorf zurück, sondern ist aufgrund der Popularität ihres 3 km langen Sandstrandes entstanden. Der Ferienort ist in drei Bereiche gegliedert, da es keine durchgehende Küstenstraße entlang der Uferpromenade gibt. Nach einer Bade- oder Erfrischungspause gehen wir zum Ende des Strandes und laufen zur Straße hinüber, die nach Afionas ansteigt. Ein steiler 15-minütiger Aufstieg führt zu einer Querstraße, der wir nach links folgen. Zehn Minuten später sind wir auf dem Dorfplatz in **Afionas** (**3Std45Min**). Aufgrund seiner strategischen Lage ist Afionas dem Wind ausgesetzt, aber die Dorfbewohner sind offenbar der Meinung, der Ausblick entschädigt für diese Unannehmlichkeit.

Nun begeben wir uns zum Kap Arilla: mit dem Rücken zum Kirchenportal gewandt wenden wir uns nach links in die 10 m entfernte Gasse (bei dem Schild zur ›DIONYSOS TAVERNA‹). Nach 70 m biegen wir links auf einen Pfad. Falls man zu den kleinen Stränden am Port Timone gehen möchte, nimmt man den Pfad, der dann nach links bergab führt. Falls man lieber den Aussichtspunkt auf diese Buchten ansteuern möchte, bleibt man oben auf höherem Niveau und biegt rechts auf einen Pfad mit einem Zaun auf der rechten Seite. Der Verlauf dieses Pfades ist zwar nicht immer sofort klar, aber doch eindeutig. Der Ausblick von dieser Seite auf Ag Georgios ist genauso schön wie die Ausblicke zuvor. Das kristallklare Meer hat eine fast hypnotische Wirkung. Wir gehen um den Hang und die beiden kleinen Buchten, die auf Seite 10-11 abgebildet sind, leuchten auf (Picknick 11b). In früheren Zeiten war die größere Bucht als Pinne-Bucht (**Port Timone**; **4Std15Min**) bekannt, wo Schiffe vor herannahenden Stürmen Schutz suchten. Eine Landspitze trennt die beiden Buchten; dessen Vorgebirge ist dicht mit Macchia bedeckt.

Wir kehren zum Dorfplatz in **Afionas** (**4Std55Min**) zurück und gehen die breite Gasse gegenüber der Kirche hinauf, um den Bergrücken zu erklimmen. Es bietet sich ein herrlicher Blick nach Norden auf die Arilla-Bucht (siehe die Beschreibung für Picknick 11b auf Seite 11).

12 PALEOKASTRITSA • LAKONES • BERG ARAKLI • MAKRADES • KRINI • ANGELOKASTRO • PALEOKASTRITSA

Siehe auch die Fotos auf Seite 18-19, 31

Länge: 11,4 km; 4 Std.

Schwierigkeitsgrad: mittelschwer bis anstrengend. Anfänglicher Aufstieg über 450 Höhenmeter und Abstieg über 300 Höhenmeter am Ende. Einige Pfade können bei Nässe rutschig sein; Schwindelgefahr bei Angelokastro

Ausrüstung: Wanderstiefel, Sonnenhut, Sonnencreme, Sonnenbrille, langärmeliges Hemd, Regenzeug, Proviant, Getränke

An- und Rückfahrt: (Fahrzeit 40 Min.) oder nach Paleokastritsa und zurück; auf dem Parkplatz unterhalb des Klosters parken

Kurzwanderungen (Anfahrt und Ausrüstung wie oben)

1 Paleokastritsa — Lakones — Berg Arakli (Obelisk) — Paleokastritsa: 5 km; 2 Std. 30 Min. Mittelschwer bis anstrengend; Auf-/Abstieg über insgesamt 450 Höhenmeter. Man folgt der Hauptwanderung bis zum Obelisk auf der Ostflanke des Berges Arakli (1Std20Min) und geht dann auf demselben Weg zurück.

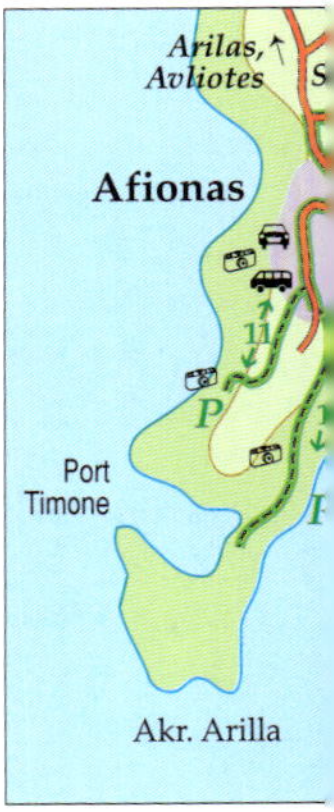

2 Paleokastritsa — Lakones — Paleokastritsa: 2,5 km; 1 Std. 30 Min. Mittelschwer; Auf-/Abstieg über insgesamt 275 Höhenmeter (der Aufstieg nach Lakones ist steil). Man folgt der Hauptwanderung nach Lakones hinauf, erreicht die Hauptstraße im Ort und biegt nach links. Nun geht man durch den Ort bis zur Alki's Artist Olive Wood Production. Auf der anderen Seite dieses Ladens geht man die Stufen hinunter und folgt der Hauptwanderung ab der 3Std15Min-Stelle (Seite 93) zurück nach Paleokastritsa hinab.

3 Paleokastritsa — Lakones — Angelokastro — Paleokastritsa: 7,8 km; 3 Std. 10 Min. Mittelschwer bis anstrengend; Auf-/Abstieg über insgesamt 330 Höhenmeter (der Aufstieg nach Lakones und zur Burg ist steil). Dies ist eine beliebte Wanderroute bei Sunflower-Freunden. Man folgt der Hauptwanderung nach Lakones hinauf und geht von dort auf der Straße durch den Ort in Richtung Krini. Man geht an der Taverne Bella Vista (›der beste Ausblick in Europa‹) und ein paar Restaurants mit Tischen vorbei, von wo man die türkisfarbene Küste sieht. Nun folgt man der Straße 2,3 km und geht an einem Kloster (links) vorbei. Auf einem langen geradlinigen Straßenabschnitt biegt man links auf einen Pfad ab, der mit einem gelben Wegweiser des Corfu Trail markiert ist. Der Pfad führt in einen Olivenhain und dann zu einem Bachbett hinab. Nach wenigen Metern verlässt man das Bachbett und wendet sich rechts auf einen Pfad. Man hält sich rechts und folgt dem Pfad geradeaus durch die Bäume. Bald setzt er sich als Weg fort und steigt an. In einer Biegung nimmt man einen Pfad (bei einem Felsen) und wandert gemächlich zur Hauptdorfstraße am Ortsrand von Krini hinauf. Hier biegt man nach links und folgt der Straße 10 Minuten nach Angelokastro bergab. Auf dem Rückweg kann man einen Abstecher nach Krini hinein machen oder die alte Dreschtenne besuchen (Picknick 12b), ehe man nach Lakones und Paleokastritsa zurückkehrt.

Es ist schwer, sich Paleokastritsa vor dem einsetzenden Tourismus als bescheidenes Fischerdorf vorzustellen. Zwischen türkisfarbenen Buchten und felsigen Küsteneinschnitten gelegen, landeinwärts von grünem Hügelland umgeben und vom massigen Berg Arakli beherrscht, muss der Ort unvergleichlich schön gewesen sein. Obwohl die touristische Entwicklung ihr Tribut gefordert hat, kann man die Schönheit der natürlichen Umgebung am besten genießen, wenn man sich in das gebirgige Hinterland begibt; es gibt zahlreiche Aussichtspunkte mit Blick auf die dramatische Küste. Diese Rundwanderung führt über die Flanken des Berges Arakli empor, von wo sich unvergleichliche Ausblicke auf die Bucht von Liapades bieten. Wir folgen alten steingepflasterten Pfaden und Eselswegen und besuchen unterwegs drei schöne Bergdörfer. Auf

dem Rückweg zur Küste führt uns ein steiler Aufstieg zur Felsfestung Angelokastro. Die wenigen Überreste sind zwar nicht sonderlich beeindruckend, aber der erhöhte, steil aufragende Posten ist atemberaubend, wenn man auf das milchig-grüne Meer in 330 m Tiefe hinabblickt.

Zunächst folgen wir der Wegbeschreibung von WANDERUNG 11 auf Seite 86. Nachdem wir die Hauptstraße in **Lakones** (**40Min**) erreichen, biegen wir nach rechts. Wir folgen der schmalen Straße 200 m und achten auf den in eine Richtung fließenden Verkehr, der durch Ampeln an beiden Ortsenden gesteuert wird. Dann steigen wir links Stufen empor (unmittelbar nach einem Metzger). Nach einer halben Minute biegt die Gasse nach rechts, wir jedoch steigen weiter die Stufen empor und gehen an allen Seitengassen vorbei. Nach zwei Minuten wenden wir uns an einer Gabelung am oberen Ortsrand nach rechts bergauf. Dieser Pfad (teilweise gepflastert und mit flachen Stufen) steigt an den hängen des **Berges Arakli** an (Picknick 12a). Wir lassen das Dorf hinter uns und gelangen auf dem gepflasterten Pfad auf den offenen Hang; der Blick fällt auf die Küste hinab. Nach einigen Kehren verflacht sich der Pfad und schwenkt bald landeinwärts. Nach 20 Minuten erreichen wir einen steinigen Weg mit einem weißen obelisk zur Linken (**1Std10Min**). Dies ist der höchste Punkt der Wanderung; links befindet sich der Berg Arakli. Wir folgen dem Weg nach links bergab zur VERBINDUNGSSTRASSE DOUKADES/VISTONAS (**1Std 20Min**). Rechts befindet sich ein BUSWARTEHÄUSCHEN; auffälliger Orientierungspunkt ist eine freistehende Kirche gegenüber auf einer kleinen Anhöhe.

Wir biegen nach links und folgen der Straße 25 Minuten zum Ortsrand von Vistonas. Sobld wir uns dem Ort nähern, kann man eine Abkürzung nehmen, indem man einem Betonsträßchen nach links folgt. Es beginnt unmittelbar nach dem Ortsschild **Vistonas** neben einem HEILIGENSCHREIN am Straßenrand und führt an einer KIRCHE (links) vorbei. Wir gehen geradeaus bergab und gelangen wieder auf die Straße. Dann erreichen wir die Makrades-STRASSENVERZWEIGUNG (**2Std10Min**) und gehen rasch nach rechts, bevor die Standinhaber herauseilen, um uns zu nötigen, ihre lokalen Weine vom Fass zu verkosten.

Es geht durch **Makrades**, bis wir auf ein betoniertes Quersträßchen stoßen (unmittelbar nach den letzten Häusern und einem Kafeneion; jenseits dieses Sträßchens liegt ein Feld). Wir folgen dem Sträßchen nach rechts. Der Betonbelag endet schon bald und es geht auf einem Schotterweg weiter. Nach wenigen Minuten bergab zweigt links ein schöner Pfad, von niedrigen Steinmauern gesäumt, ab. Wir biegen links auf diesen Pfad ab (am Anfang steht ein Schild ›SUNSET TAVERNA‹) und folgen ihm — er ist stellenweise betoniert — durch Ölbäume, dann Gärten und Weinberge, ehe wir nach **Krini** (**2Std20Min**) ansteigen.

Wir gelangen in den Ort und stoßen auf ein schmales Gässchen. Hier werden wir nach links weitergehen, aber

Blick von der Dreschtenne auf Krini (Picknick 12b)

zunächst kann man einen kurzen Abstecher zur Umgebung von Picknick 12b machen. Dazu biegen wir nach rechts und folgen dem Gässchen zwei Minuten, bis wir direkt nach dem Ortsende eine wunderschöne, steingepflasterte Dreschtenne erreichen. Im Frühling blühen hier zahlreiche Wildblumen; es gibt Sitze, von wo aus man den Blick nach Norden entlang der Westküste genießt. Wir gehen durch das Gässchen ins Ortszentrum zurück — ein bescheidenes Plätzchen mit einem kleinen Baum in der Mitte. Hier wenden wir uns nach rechts, folgen der Straße zum Ortsrand und gehen geradeaus nach Angelokastro hinab.

Nach zehn Minuten Abstieg befinden wir uns am Fuße eines gedrungenen, mit Buschwerk bedeckten Felsturms, auf dem sich die Burgruine befindet. Wir folgen dem Pfad vom Parkplatz hinauf und halten uns nach drei Minuten an der Verzweigung rechts. Von **Angelokastro** (Picknick 12c) bietet sich ein herrlicher Ausblick. Der Blick fällt entlang der Steilwand in die Meeresbucht mit ihren sandigen Einbuchtungen hinab. An klaren Tagen kann man über die Insel bis nach Korfu-Stadt schauen — daher die strategische Bedeutung dieser mittelalterlichen Festung.

Auf dem Rückweg nach Krini kann man auf Pfaden einige Straßenbiegungen abkürzen (die Pfade sind auf der Karte verzeichnet). Auf der Anhöhe vor dem Beginn des Ortes (vor dem ersten Haus auf der rechten Seite) biegen wir rechts ab und gehen in einen Olivenhain hinab. Am Anfang dieses Pfades befindet sich eine Corfu Trail-Markierung auf einer Telegrafenstange. Wir folgen diesem reizvollen Pfad gemächlich bergab. Nach vier Minuten stoßen wir auf einen Weg und biegen nach links. Eine Minute später endet der Weg: wir gehen geradeaus auf dem Pfad weiter. Nach vier Minuten kommen wir in ein ausgetrocknetes Bachbett hinab. Wir wenden uns im Bachbett nach links und folgen nach wenigen Metern rechts dem Pfad aus dem Tälchen heraus und zur Lakones-STRASSE (**3Std**).

Wir gehen die Straße nach rechts. Nach 15 Minuten (etwa fünf Minuten nach der Taverna Bella Vista — ›der beste Ausblick in Europa‹) steigen wir Stufen neben einem Laden auf der rechten Seite hinab (ALKI'S ARTIST OLIVE WOOD PRODUCTION; **3Std15Min**). Nach zwei Minuten gehen wir an einer unscheinbaren Linksabzweigung vorbei und folgen dem teilweise zugewachsenen Pfad zu einem Weg hinunter. Nun gehen wir auf dem Weg etwa 40 Minuten bergab bis nach **Paleokastritsa** zurück. Die BUSHALTESTELLE kommt nach ein paar Minuten rechts (**4Std**) — oder man geht bis zum PARKPLATZ am Fuße des Klosterhügels zurück.

13 PALEOKASTRITSA • LIAPADES • GIANADES • ROPA-EBENE • SGOMBOU

Siehe die Karte auf Seite 100-101; siehe auch das Foto auf Seite 32-33

Länge: 18,5 km; 5 Std.

Schwierigkeitsgrad: mittel. Aufstieg über insgesamt etwa 350 Höhenmeter. Kurzer, sehr unangenehmer Abstieg kurz nach Beginn eine Kluft hinab (bei Nässe gefährlich); weniger behende Wanderer sollten diese Stelle meiden und in Liapades aufbrechen (40Min-Stelle).

Ausrüstung: Wanderstiefel oder feste Schuhe mit Profilsohle, Sonnenhut, Sonnencreme, Sonnenbrille, langärmeliges Hemd, lange Hose, Regenzeug, Badesachen, Proviant, Getränke

Anfahrt: (Fahrzeit 35 Min.) oder zum Campingplatz Paleokastritsa
Rückfahrt: von Sgombou (Bus aus Richtung Paleokastritsa) nach Korfu-Stadt (Fahrzeit 20 Min.) oder zurück zum Auto am Campingplatz.

Kurzwanderungen

1 Paleokastritsa — Liapades — Gianades: 8,5 km; 2 Std. 20 Min.; leicht; Ausrüstung und Anfahrt *mit dem Bus* wie oben; Rückfahrt mit von Gianades (nicht so-/feiertags). Man folgt der Tour bis nach Gianades.

2 Paleokastritsa — Bovina-Strand — Paleokastritsa: 5,0 km; 1 Std. 40 Min.; leicht; Ausrüstung/Anfahrt wie oben; Rückfahrt mit derselben Buslinie oder Auto. Man folgt der Tour eine gute halbe Stunde bis zu der Verzweigung, kurz nachdem man die Straße an der Villa Birlis verlässt. An der Verzweigung biegt man nach rechts. Gelbe Pfeile kennzeichnen die Route. Nachdem er hinter ein paar Gebäude führt, biegt der Pfad abrupt nach links. Kurz danach biegt man rechts ab und folgt nun diesem Pfad (an rechts abzweigenden Pfaden vorbei) durch ein Wäldchen mit Kermeseichen zum Strand hinab. Man kehrt auf demselben Weg zurück.

Varianten

1 Paleokastritsa — Liapades — Kap Ag Iliodoros — Liapades — Paleokastritsa: 12,0 km; 3 Std. 40 Min.; ziemlich anstrengend; steiler Aufstieg über 220 Höhenmeter von der Bucht. Ausrüstung und Anfahrt wie oben. Man folgt der Wanderung bis zur 50Min-Stelle und biegt dann rechts auf einen Weg ab. Rasch kommt eine Verzweigung, an der man sich links hält. Nun geht man an allen Wegen vorbei, die rechts abzweigen, und folgt dem Weg 45 Minuten bis zu einer abgelegenen kleinen Bucht am Kap Ag Iliodoros hinab. Hier bietet sich ein großartiger Blick über die Bucht von Liapades. Man kehrt auf demselben Weg zurück.

2 Paleokastritsa — Liapades — Marmaro-Berge — Liapades — Paleokastritsa: 13,0 km; 3 Std. 40 Min.; leicht bis mittelschwer; gemächlicher Aufstieg über 250 Höhenmeter; Ausrüstung und Anfahrt wie oben. Man folgt der Wanderung bis zur 55Min-Stelle und geht rechts (d.h. mehr oder weniger geradeaus) weiter. Durch wunderschöne Olivenhaine wandert man um die Marmaro-Berge, wo brüchige Steinmauern die Ackerterrassen stützen und weiches Gras die Hänge bedeckt. Man bleibt auf dem Hauptweg, bis man eine Verzweigung erreicht (1Std35Min) und links weitergeht. Nach fünf Minuten biegt man erneut nach links. 20 Minuten später kommt die nächste Verzweigung (rechts steht hier der Rohbau eines Gebäudes aus Hohlblocksteinen), an der man zunächst nach rechts, dann sogleich nach links biegt. Etwa 15 Minuten später geht man an einem rechts abzweigenden Weg vorbei. Man nähert sich der nächste Verzweigung (2Std25Min) und geht rechts weiter. Bald hat man einen Blick auf die Steilwand, die den Norden Korfus durchzieht. Binnen 20 Minuten stößt man auf einen Querweg und folgt ihm links nach Liapades hinab. Sobald man in den Ort kommt, geht man rechts eine Gasse hinab. Man stößt auf eine schmale Dorfstraße und folgt ihr ein kurzes Stück nach links bergauf, ehe man die erste Rechtsabzweigung nimmt. Am Ende dieser Gasse geht man nach rechts zum Dorfplatz hinab (3Std). Am unteren Ende des Dorfplatzes hält man sich links und kehrt über den Hinweg zurück.

Wir spazieren durch moosbewachsene Olivenhaine und lassen uns vom fröhlichen Vogelgezwitscher begleiten. Leider wird gelegentlich Jagd auf die Singvögel gemacht, und eventuell hört man auch die Gewehrsalven. Wir durchqueren eine durch Gräben abgegrenzte und mit weichem Gras bedeckte Ebene, auf der weit und breit kein Olivenbaum in Sicht ist. Weiter marschieren wir durch ein offenes flaches Tal, in dem verstreut Bäume und Sträucher stehen. Im Frühling zieren Orchideen, Milchsterne, Anemonen und wilde Geranien die Landschaft. Im Herbst, wenn die felsigen Hänge trocken und verbrannt sind, gedeihen Alpenveilchen und Goldbecher, und in den Feldern blühen Meerzwiebeln und Krokusse.

Ausgangspunkt ist der CAMPINGPLATZ **Paleokastritsa**. Wir gehen die Hauptstraße in Richtung Korfu-Stadt zurück. Etwa 80 Schritte nach dem SUPERMARKT ARIS (direkt hinter einer Motorradvermietung) biegen wir rechts auf ein betoniertes Sträßchen ab. Am Ende des Sträßchens schließen wir uns einem Pfad an, der zwischen zwei Häusern durchführt (ausgeschildert zum Swimmingpool ›ACAPULCO‹). Nach ein paar Minuten durch einen Olivenhain gelangen wir auf ein betoniertes Sträßchen hinab; der angekündigte Swimmingpool liegt rechts. Wir überqueren den Sträßchen und steigen dann links Stufen empor. Oben gehen wir rechts auf dem ziemlich mit Gesträuch überwachsenen Pfad weiter. Drei Minuten nach Verlassen des Sträßchens schauen wir direkt in eine Kluft hinab, die sich am Hang öffnet. Obwohl sie nur etwa 2 m tief ist, so ist der Abstieg doch steil und etwas heikel. *Vorsichtig steigen wir auf allen Vieren ab. Bei Nässe ist dieser Abstieg gefährlich. Das vorhandene Seil sollte man nicht benutzen, sofern man sich nicht absolut sicher ist, dass es fest verankert und stark genug ist, das eigene Körpergewicht zu tragen.*

Es folgt ein steiler Abstieg auf einem Pfad. Bald erblicken wir eine von Felswänden umgebene Bucht. Wir gehen an dem Pfad vorbei, der links ansteigt. Unser Pfad führt in das Gelände des Hotels Elli Beach. Am Pool vorbei gelangen wir zum STRAND hinab (**20Min**). Vom Strand folgen wir der Straße etwa 10 Minuten bergauf und steigen dann rechts Stufen empor (direkt hinter einem kleinen Appartementblock namens Villa Birlis). Nach zwei Minuten halten wir uns an der Verzweigung links. *(Kurzwanderung 2 führt hier jedoch nach rechts zum Bovina-Strand.)* Wir erreichen eine Straße, der wir nach links folgen. Sogleich gehen wir an einer Verzweigung rechts weiter.

Wir erreichen **Liapades** (**40Min**) mit seinen wunderschönen Herrenhäusern, hübschen Torbögen und lauschigen Innenhöfen. Geradeaus (vorbei an Rechtsabzweigungen) gelangen wir zum Dorfplatz. Mit der Kirche zur Rechten verlassen wir den Dorfplatz auf der vor uns liegenden Gasse (Schild ›Einfahrt verboten‹). Nach zwei Minuten Anstieg biegen wir direkt hinter einem venezianischen Herrenhaus, das links steht, links auf einen betonierten Weg. Gut fünf Minuten nach Verlassen des Dorfplatzes stoßen wir auf eine Landstraße, der wir nach rechts folgen. Nach zwei Minuten lassen wir einen Weg nach rechts unbeachtet (**50Min**). *(Variante 1 folgt jedoch rechts diesem Weg.)*

Etwa fünf Minuten später kommt die nächste Verzweigung (direkt dahinter steht ein HEILIGENSCHREIN; **55Min**), an der wir uns links halten. *(Variante 2 führt jedoch rechts weiter.)* Die Straße setzt sich bald als Schotterweg fort. Nach 15 Minuten verlassen wir den Hauptweg, der scharf nach links biegt, und wandern geradeaus auf einem Nebenweg weiter, um eine sanfte Anhöhe zu erklimmen. Nach zehn Minuten verliert sich der Weg bei einer steinernen RUINE. Wir wandern geradeaus auf einem unscheinbaren Weg durch einen Olivenhain weiter (*nicht* den breiteren Pfad nehmen, der nach rechts führt). Nach einer Minute gelangen wir auf einen Feldweg und folgen ihm nach rechts. Nach mehreren Minuten auf diesem Weg biegen wir links auf einen Querweg. Es geht weiter bergauf, nun allerdings auf der anderen Hangseite.

Durch einen V-förmigen Einschnitt in den Bergen kommt das Ropatal in Sicht. Flach, mit Wiesen bedeckt und mit einigen verstreuten Bäumen bestanden, steht es in starkem Kontrast zu der umliegenden Landschaft. Ein kurzes Stück weiter blicken wir direkt über die Inselmitte. Nun folgt ein Abstieg durch ein flaches Seitental. Etwa fünf Minuten nach der letzten Abzweigung stoßen wir auf die Biegung eines Weges und folgen ihm nach rechts in das Seitental hinab. (*Nicht* den schmaleren Weg nehmen, der sogleich nach rechts führt.) In der Ferne erheben sich die schwarzen Anhöhen des Ag Georgios bei Vatos (Wanderung 15) und des Ag Deka (Wanderung 16). Nach zehn Minuten gehen wir an einem unscheinbaren Weg vorbei, der links abzweigt. Fünf Minuten später halten wir uns an einer Verzweigung rechts (*nicht* die *unscheinbare* Rechtsabzweigung direkt vor dieser Verzweigung nehmen). Drei Minuten später mündet von rechts ein Weg ein. Wir schauen durch das Tal auf eine Kirche, an der wir bald vorbeikommen werden. Es folgen zwei Verzweigung, an denen wir uns jeweils links halten. Dann stoßen wir auf eine Straße, der wir nach links folgen. Wir gehen an der Kirche vorbei und gelangen auf die Hauptstraße, die uns nach **Gianades** hineinführt (**2Std20Min**). Der schönste, mit Bougainvilleen bewachsene Winkel des Dorfes liegt zur Linken

Nach zwei Minuten auf der Straße biegen wir links auf eine Seitenstraße ab (die zweite Linksabzweigung). Wir gehen an den letzten Häusern vorbei und gelangen wieder auf mit Olivenbäumen bestandene Hänge. Nach etwa 15 Minuten Abstieg stoßen wir auf eine Querstraße und gehen rechts weiter. Fünf Minuten später ist *Aufmerksamkeit* geboten: Der Graben, der auf der rechten Straßenseite verlief, führt unter der Straße hindurch und taucht links auf. Sobald wir diesen Kanal überqueren, biegen wir links auf einen Feldweg ab und wandern durch die **Ropa-Ebene**.

Nach fünf Minuten überqueren wir einen Betongraben und

von rechts mündet ein unscheinbarer Weg ein. Wir wandern geradeaus auf dem Hauptweg weiter, der allmählich grasbewachsen wird. Vor uns (leicht rechts) stehen mehrere große, abgelegene Häuser. Wir gehen geradeaus auf dem grasigen Weg weiter, bis wir auf einen ebenfalls grasbewachsenen Querweg stoßen (knapp 20 Minuten nach Verlassen der Straße). Vor uns liegt ein BREITER, TIEFER DRAINAGEGRABEN. Wir müssen diesen Graben überqueren; im Frühling führt er eventuell Wasser.*

Hinter dem Drainagegraben überqueren wir einen weiteren Weg und dann eine Brücke. Nun wandern wir geradeaus weiter. Sobald sich der Weg verläuft, steuern wir die Zypressenreihe an, die vor uns steht. Wir nähern uns den Bäumen und müssen zwei weitere Gräben überqueren. Dann schwenken wir nach links und gehen an den Zypressen entlang. Am Ende der Zypressenreihe wandern wir geradeaus in derselben Richtung weiter. Wir bleiben in der Wiese und schließen uns einem Pfad an, der etwa drei Minuten nach den Zypressen zu einem unscheinbaren Weg führt. (Im Frühling, wenn das Gras hoch steht, ist dieser Pfad kaum erkennbar.) Der Weg führt uns nach rechts zur Straße hinauf (**3Std25Min**).

Wir folgen der Straße nach rechts und biegen nach 30 m (direkt vor einem Café) links auf ein schmales betoniertes Sträßchen ab; an der Abzweigung steht ein SCHILD MIT EINER HEUSCHRECKE. Die betonierte Fahrbahn setzt sich geschottert und führt durch einen Hangeinschnitt. Es geht in eine flache Niederung mit wild wuchernder Vegetation. Im Norden taucht wieder die Steilwand auf; an ihrem Fuße liegt Skripero.

Zehn Minuten nach der Abzweigung gehen wir an einem links abzweigenden Feldweg vorbei (ihm folgt Wanderung 14). Drei Minuten später schwenkt der Weg nach rechts zu einem einsamen Haus, wir jedoch wenden uns links auf einen anderen Weg. Nach 100 m biegen wir rechts auf einen unscheinbareren Erdweg, der in Richtung einer Kiefernreihe führt. Wir gehen durch eine Lücke in einer Hecke und erreichen die Kiefern, wo wir auf einen steinigen Weg gelangen. Nun folgen wir dem Weg. A first pond appears over on your left. Links taucht ein erster Weiher auf. Fast versteckt von der umgebenden Vegetation, folgt als nächster Weiher **Gavrolimni** (Picknick 13). Der Weg verläuft kurz zwischen hohen Zäunen. Einige Minuten später gehen wir an zwei Rechtsabzweigungen vorbei. Wir erreichen eine Straße und gehen rechts weiter. Wir gehen quer durch **Trivouliattica** (**4Std35Min**). Nachdem wir 25 Minuten in nördlicher Richtung gegangen sind, erreichen wir in **Sgombou** die Hauptstraße nach Paleokastritsa und die BUSHALTESTELLE (**5Std**).

*Falls man lieber nicht hindurchwaten möchte, kann man dieser 30 Min. längeren Route folgen: man biegt hier nach rechts und folgt einem Teilstück des Corfu Trail nach Süden. Nach fünf Minuten erreicht man eine von Eukalyptusbäumen gesäumte Landstraße, biegt nach links und folgt dieser Straße gut 1 km bis zur Straße nach Paleokastritsa. Hier biegt man nach links und geht die Straße 1,2 km, bis man wieder die Hauptwanderroute an der Verzweigung mit dem GRASHÜPFER-SCHILD erreicht.

14 SGOMBOU • DOUKADES • KAPELLE AG SIMEON • SGOMBOU

Länge: 25,0 km; 8 Std.

Schwierigkeitsgrad: mittelschwer, aber lang. Der einzige nennenswerte Anstieg ist ein steiler Aufstieg über 150 Höhenmeter nach Doukades und zur Kapelle Ag Simeon. Einige Wege und Pfade sind im Frühjahr kaum erkennbar.

Ausrüstung: Wanderstiefel oder feste, knöchelhohe Schuhe, Sonnenhut, Sonnencreme, Sonnenbrille, langärmeliges Hemd, lange Hose, Regenzeug, Proviant, reichlich Getränke

An- und Rückfahrt: 🚌 (in Richtung Paleokastritsa; Fahrzeit 20 Min.) oder 🚗 nach Sgombou; ebenso zurück. An der Haltestelle Lucciola Inn aussteigen; bei Anfahrt mit dem Auto parkt man am Straßenrand bei der Inn.

Kürzere Wanderungen

1 Sgombou — Gavrolimni-Weiher — Doukades — Kapelle Ag Simeon — Doukades — Straße nach Paleokastritsa: 15,0 km; 4 Std. 20 Min.; Schwierigkeitsgrad, Ausrüstung und Anfahrt wie oben; Rückfahrt mit dem Bus, der von Paleokastritsa kommt, nach Korfu-Stadt bzw. zum eigenen Fahrzeug in Sgombou. Man folgt der Wanderung bis zur Rückkehr nach Doukades (4Std05Min). Hier verlässt man die Hauptwanderung und kehrt zur 1 km entfernten Hauptstraße zurück (4Std 20Min). Gegenüber der Abzweigung hält der Bus; er fährt hier fünf Minuten nach der Abfahrt in Paleokastritsa vorbei.

2 Doukades — Kapelle Ag Simeon — Doukades — Sgombou: 19,5 km; 5 Std. 30 Min.; Schwierigkeitsgrad, Ausrüstung, An-/Rückfahrt wie oben (man nimmt den Bus in Richtung Paleokastritsa und steigt an einer der beiden Abzweigungen nach Doukades aus; Fahrzeit 25 Min.; bei Anfahrt mit dem Auto parkt man an der Lucciola Inn und besteigt hier den Bus). Von der Bushaltestelle geht man zum Dorf hinauf (1,0 km/25 Min.). Man biegt an der ersten Verzweigung nach links und dann links in eine Gasse. Nun schließt man sich der Wanderung an der 3Std-Stelle an (das Kirchenportal befindet sich rechts).

Diese idyllische Wanderung führt an Weihern vorbei, durch Dickichte und über Wiesen. Unterwegs besuchen wir das zauberhafte aufgelassene Kloster Ag Noufures. Eine Stunde danach steigen wir eine Steilwand zu der exponiert gelegenen Kapelle Ag Simeon hinauf und überblicken von hier die türkisfarbene Bucht von Liapades. Zu unseren Füßen liegt eine herrliche Landschaft, und wir können den Verlauf unserer Wanderroute verfolgen.

Ausgangspunkt ist **Sgombou**. An der Bushaltestelle überqueren wir die Straße und biegen dann direkt hinter dem Minimarkt nach rechts, um die LUCCIOLA INN zu erreichen. (Wer mit dem Auto kommt, parkt in der Nähe dieses Gasthauses.) Wir gehen die Straße hinauf, die links am Gasthaus vorbeiführt und auf die Zypressen zuführt. Die Straße führt uns zu dem Weiler **Trivouliattica** (**25Min**). Hier zweigt links eine Straße ab, wir jedoch gehen geradeaus weiter, vorbei an Kinderschaukeln, und folgen weiteren Zypressen. Wir gehen 10 Minuten auf dieser asphaltierten Landstraße; dabei unterqueren wir eine Überlandleitung und passieren verstreute Villen. In einer ansteigenden Rechtsbiegung (nur 20 m nach der Villa Thea) gehen

Reiher

wir links einen steinigen Weg hinab (am Anfang dieses Weges steht links ein 3 m hoher Betonpfeiler mit Stromzählern). Wir folgen dem gemächlich sich hinabwindenden Weg; nach etwa 10 Minuten kommen wir links am **Gavrolimni-Teich** vorbei, wo der Weg auf einem kurzen Stück beiderseits eingezäunt ist. Im Winter ist dieser Weiher recht groß; er wird von Fischreihern und manchmal auch Silberreihern und Teichhühnern besucht. Während wir uns dem Weiher nähern, stehen am Rande des eingezäunten Weges zwei große Steineichen. Wir durchqueren eine breite Ebene und sehen rechts einen weiteren, im Sommer ausgetrockneten Weiher.

Wir gehen auf dem Weg weiter, bis er durch eine schöne Kiefernreihe führt. Etwa 30 m nach den Kiefern biegen wir rechts auf einen unscheinbaren Nebenweg, der nach 100 m zu einer Bresche in der Hecke führt. Wir gehen durch die Bresche und folgen dem unscheinbaren Weg durch ein offenes Feld zu einem kleinen Häuschen mit roten Dachpfannen. Hier gelangen wir auf einen Weg und folgen ihm nach links. Zur Linken steht ein kleines Gehöft mit einem Gewirr von Schrottautos dahinter. Nachdem der Weg eine kleine Anhöhe erklommen hat, liegt auf dem linken Hang ein eingezäunter junger Olivenhain.

Unmittelbar nach einer Scheune aus Steinen und Hohlpfannen (rechts) gehen wir rechts einen Seitenweg mit Wegweiser ›CAMOMILIA‹ hinab. Wir folgen diesem Weg, bis wir uns Camomilia nähern — einer großen, abgelegenen Landvilla mit L-förmigem Swimmingpool. Wir halten uns links außerhalb der Einzäunung des Anwesens und gelangen auf einen unscheinbaren, möglicherweise zugewachsenen Pfad. Er führt uns an einem Teich (rechts unten) vorbei. Wir folgen dem Pfad, der allmählich am Hang ansteigt, und erreichen **Kloster Ag Noufures** (**1Std30Min**). Das Tor zum Kirchhof ist normalerweise geöffnet; im Hof ist es erfrischend kühl.

Auf dem Gelände des Klosters Ag Noufures

Zur Fortsetzung der Wanderung stellen wir uns so, dass sich der Glockenturm links befindet, und gehen auf der Anhöhe nach Norden bis zu einem schlechten Erdweg. Wir folgen ihm nach rechts und wandern wieder ins Tal hinab. Etwa zehn Minuten nach dem Kloster verzweigt sich der Weg, und wir gehen rechts (d.h. mehr oder weniger geradeaus) weiter. Ein alter rostiger Maschendrahtzaun verläuft auf der rechten Wegseite. Wenige Minuten später gehen wir vor einer Scheune vorbei, wo es eventuell freilaufende Hunde gibt. Hinter der Scheune wandern wir geradeaus auf einem alten, steingepflasterten Weg weiter und gehen an dem linken Feldweg vorbei. Wenige

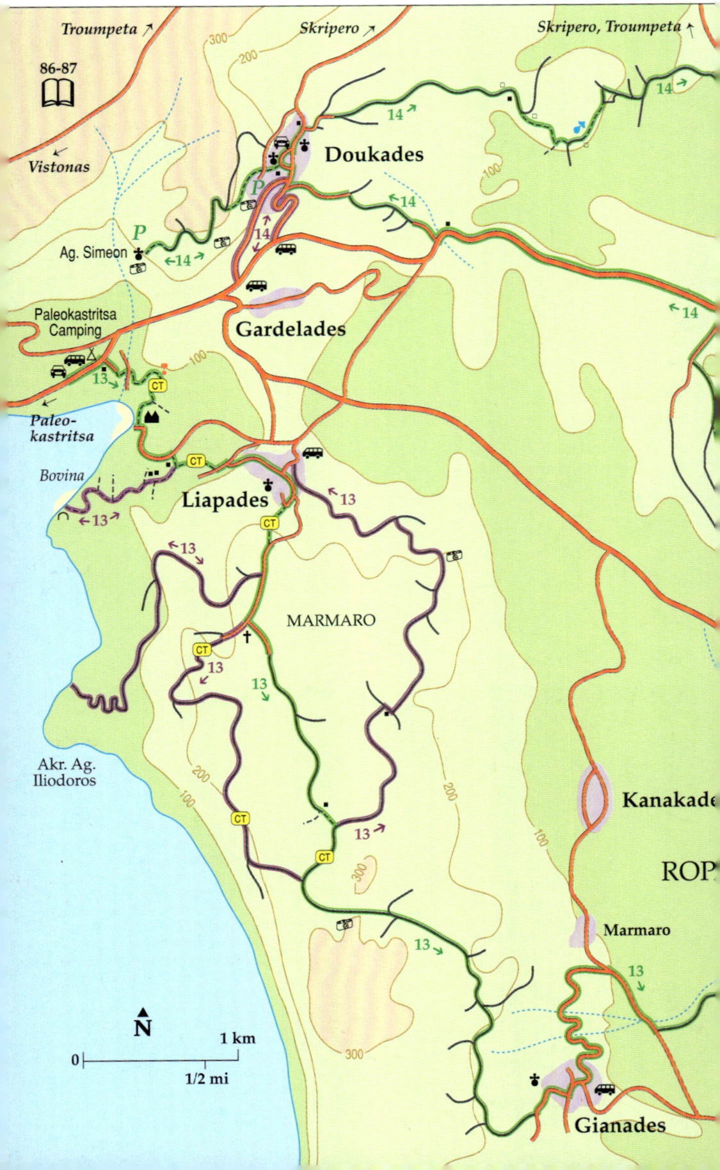

Minuten später gelangen wir auf diesen Feldweg und folgen ihm nach rechts. Drei Minuten später halten wir uns links, wo von rechts ein Weg einmündet. Nach abermals drei Minuten stoßen wir auf eine Privatstraße, der wir nach rechts folgen. Diese Straße führt uns in fünf Minuten zur STRASSE NACH PALEOKASTRITSA (**2Std**), der wir nun nach links folgen. Die nächste halbe Stunde gehen wir an dieser starkbefahrenen Straße entlang. Vorsicht: Die Einheimischen versuchen sich hier als Rennfahrer.

Während wir uns der Steilwand nähern, sehen wir links eine Felswand, auf der eine Kapelle steht — unser späteres Ziel. Zunächst jedoch begeben wir uns nach Doukades. Eine Minute

Blick auf die Kapelle Ag Simeon und die Bucht von Liapades

hinter der Villa Alexandra, einem schönen Häuschen mit Garten auf der rechten Seite und einem neueren Haus daneben, verlassen wir die Hauptstraße in einer scharfen Kurve. Dort, wo die Straße scharf nach links bergab biegt, gehen wir rechts ein Betonsträßchen hinauf. Am Ende des Anstiegs gehen wir geradeaus auf einem steinigen Weg zwischen Zypressen und Olivenhainen weiter. Zwei Minuten später gehen wir an einer Linksabzweigung vorbei. Wir stoßen auf eine Asphaltstraße, die sich hier geschottert fortsetzt, und folgen ihr nach links. Sie führt uns in fünf Minuten zur STRASSE NACH DOUKADES, die wir nach rechts (sogleich an einer Linksabzweigung vorbei) gehen. Zwei Minuten später gelangen wir links durch eine Gasse in das idyllische **Doukades** hinauf.

Nach einer Minute Anstieg stoßen wir auf einen Querpfad, biegen nach links und gehen an der Mauer einer Villa entlang; rechts befindet sich das Eingangsportal einer KIRCHE (**3Std**). *(Die Kürzere Wanderung 2 und Picknickausflug 14 kommen hier hinzu.)* Wir überqueren die Straße und wandern weiter den Pfad empor, ehe wir rechts das erste schmale Sträßchen hinaufgehen. Nun lassen wir die Häuser hinter uns und folgen einem gepflasterten Pfad direkt bergauf. Binnen einer Minute überqueren wir ein galvanisiertes Wasserrohr an einer Kreuzung und gehen steil bergauf geradeaus weiter. Wir stoßen auf ein Betonsträßchen und folgen ihm nach links bergauf. Das Sträßchen setzt sich schon bald als steiniger Weg fort. Während des Anstiegs haben wir einen herrlichen Blick über Doukades hinweg auf ein Tal, das mit silbergrauen Olivenhainen bedeckt ist, aus denen die dunklen Zypressen hervorstechen (Picknick 14). Vom Kamm der Steilwand hatte man einst eine wunderschöne Aussicht, die jetzt aber durch das Gesträuch verdeckt ist. Doch keine Sorge — später werden wir in Ag Simeon ein herrliches Panorama haben. Nach etwa 10 Minuten auf dem Weg erreichen wir eine unbeschilderte Verzweigung und wandern links weiter; es geht zunächst leicht bergab, bald jedoch bergauf. Am Ende des Weges haben wir die oben abgebildete Aussicht auf die Kapelle. Nach einer Minute Abstieg erwartet uns an der **Kapelle Ag Simeon** (**3Std40Min**) ein großartiger Ausblick aus luftiger Höhe. Das gegenüberliegende, größere Dorf ist Liapades; links liegt Gardelades. Eingebettet im zentralen Bergland erstreckt sich die im Frühling saftgrüne Ropa-Ebene. In der Ferne, zwischen den sanftgewellten bewaldeten Bergen, ist Korfu-Stadt erkennbar. Paleokastritsa liegt zwischen den auffälligen Landspitzen an der Küste.

Von der Kapelle kehren wir auf demselben Weg nach **Doukades** zurück. Während des Abstiegs bietet sich ein schöner Blick auf dieses malerische Dorf. Wir erreichen wieder die KIRCHE (**4Std05Min**) und gehen geradeaus weiter. *(Die Kürzere Wanderung 1 führt jedoch nach rechts zur Straße nach Paleokastritsa hinab.)* Wir wandern zur Straße nach Skripero hinab und folgen ihr nach links. Nach zwei Minuten in Doukades, gegenüber einem Haus mit einem kunstvollen Balkon, gehen wir rechts ein betoniertes Sträßchen hinab. Nach knapp einer Minute passieren wir einen großen Olivenbaum und biegen 80 m danach auf ein Sträßchen ab, das am Hang ansteigt. An der nächsten Verzweigung, die nach ein paar Minuten kommt, gehen wir links weiter. Üppiger Pflanzenbewuchs spendet im Sommer willkommenen Schatten.

Nun müssen wir auf unsere nächste Abzweigung achten, die etwa zehn Minuten nach der letzten Verzweigung kommt. Wir achten auf einen Eisenschuppen links neben dem Weg, auf den rechts ein landwirtschaftliches Gebäude folgt. Eine Minute danach biegt der Weg scharf nach links, wir jedoch folgen rechts (direkt bergauf) einem sehr alten Pfad, der von dicken niedrigen STEINMAUERN gesäumt ist. Wir kommen sogleich rechts an einem SCHUPPEN mit Wellblechdach vorbei. Nach drei Minuten blicken wir auf eine kleine Lichtung am Rande eines Olivenhains. Hier verliert sich der Pfad im Gras. Mit Blick auf

Blumenübersäte Weinberge unterhalb Doukades

die Lichtung wenden wir uns nach rechts (etwa 15°) und wandern durch den Hain. Nach einer Minute gelangen wir wieder auf den von Steinmauern gesäumten Pfad. Er führt zu einem unscheinbaren Weg, dem wir nach links folgen. Nach einer halben Minute auf dem Weg biegen wir an einer Vier-Wege-Verzweigung links auf einen Weg (mit Zypressen auf der linken und Olivenhainen auf der rechten Seite). Nach 100 m schwenkt dieser Weg nach rechts und verläuft am Fuße eines Rückens. Wir folgen dem Weg, der sich bald verläuft, und kommen nach zwei Minuten an einer offenen Scheune mit Betonpfosten auf der rechten Seite vorbei. Wir wandern geradeaus weiter; der Weg taucht wieder auf. Nach zwei Minuten auf dem Weg gehen wir links an einer SCHEUNE vorbei und wandern geradeaus weiter (jetzt auf einem kaum erkennbaren Weg); bald passieren wir einen offenen BRUNNENSCHACHT. Es geht leicht bergauf, und der Weg wird deutlicher. An einer Verzweigung halten wir uns links (d.h. geradeaus). Eine Minute später gehen wir einen Querweg nach rechts bergab und gelangen nach 50 m auf einen Weg, der rechts einmündet. Wir wandern nach links weiter und quetschen uns an einem Tor vorbei, das den Weg versperrt. Die Landschaft ist üppig mit Bäumen und Büschen bestanden; die Äcker und Felder treten zurück. Nach einigen Minuten mündet links ein Weg ein. Eine Minute später gelangen wir auf einen größeren Weg, der von rechts einmündet. Wir folgen diesem Weg nach links, vorbei an einem Weinberg und Gemüsegarten, und wandern eine kleine Anhöhe empor. Wir halten uns auf dem Hauptweg, bis wir auf eine schmale LANDSTRASSE (**5Std15Min**) stoßen. Wir biegen nach rechts und folgen dieser Straße 45 Minuten bis zur STRASSE NACH PALEOKASTRITSA (**6Std**).

Smaragdeidechse

Sollte man für heute genug haben, kann man hier auf einen Bus warten. Um die Wanderung fortzusetzen, überqueren wir die Straße und folgen ihr nach rechts. Nach 130 m gehen wir links eine Nebenstraße hinauf. Nach etwa 10 Minuten endet die Asphaltierung: wir gehen geradeaus auf dem Hauptweg weiter. Wir wandern bergauf, bis wir eine Anhöhe überschreiten. Dann, nachdem wir ein kleines Gehöft zwischen den Bäumen passiert haben, gehen wir zu einer Asphaltstraße hinab (leicht nach rechts bergab). Wir folgen dieser Straße nach links bergab und erreichen wieder die Abzweigung zum Gavrolimni-Teich (unser Hinweg). Wir bleiben auf der Straße, die uns über **Trivouliattica** (**7Std30Min**) zurück nach **Sgombou** führt (**8Std**).

15 GOUVIA • ROPA-EBENE • VATOS • MIRTIOTISSA-STRAND • GLYFADA

Siehe auch das Foto auf Seite 32-33

Länge: 13,8 km; 3 Std. 50 Min.

Schwierigkeitsgrad: nur für erfahrene und abenteuerlustige Wanderer geeignet. Die Wanderung ist zwar größtenteils leicht, und der einzige nennenswerte Anstieg führt oberhalb Vatos 250 Höhenmeter bergauf, aber der abschließende Abstieg (50 Höhenmeter) zum Strand von Glyfada ist steil und rutschig.

Ausrüstung: Wanderstiefel oder Schuhe mit guter Profilsohle, Sonnenhut, Sonnencreme, Sonnenbrille, langärmeliges Hemd, lange Hose, Regenzeug, Badesachen, Proviant, Getränke

Anfahrt: 🚌 nach Gouvia (mit dem Bus in Richtung Dasia; Fahrzeit 20 Min.). Direkt vor der Ampel an der Hauptstraße aussteigen, gegenüber Diella's Discount Centre.
Rückfahrt: 🚌 von Glyfada; Fahrzeit 40 Min.

Kurzwanderung: Vatos — Trialos — Mirtiotissa-Strand — Glyfada: 5,5 km; 2 Std.; mittelschwer, mit einem steilen Aufstieg über 250 Höhenmeter am Anfang. Für unerfahrene Wanderer nicht geeignet. Ausrüstung wie oben. Anfahrt: 🚌 oder 🚗 nach Vatos (Bus in Richtung Glyfada); an der Abzweigung Vatos/Glyfada aussteigen bzw. bei der Tankstelle parken. Rückfahrt wie oben — entweder zurück zum Ausgangsquartier oder zum eigenen Auto in Vatos. Von der Bushaltestelle geht man zu dem winzigen Andenkenladen (z.Zt. geschlossen), der links direkt vor der Tankstelle kommt. Hier biegt man links ab, schließt sich der Wanderung unmittelbar nach der 2Std05Min-Stelle an und folgt ihr bis zum Ende.

Variante: Gouvia — Scotini-Weiher — Ropa-Ebene — Vatos: 8,25 km; 2 Std. 10 Min.; leicht; festes Schuhwerk reicht; Anfahrt mit 🚌 wie oben; Rückfahrt von Vatos (Bus von Glyfada). Man folgt der Wanderung nach Vatos und geht auf der Hauptstraße an der Tankstelle vorbei bis zur Abzweigung Pelekas/Glyfada weiter. Die Bushaltestelle liegt auf der Straßenseite, die nach Korfu-Stadt gerichtet ist.

Wir durchqueren Korfu von Osten nach Westen und entdecken die Vielfalt der Insellandschaft. Nur ein Katzensprung vom touristenüberlaufenen Gouvia, und man ist auf dem Land inmitten einer sanftgewellten Hügellandschaft. In einem bezaubernden Tal liegt ein Weiher, in dem es vor Sumpfschildkröten und Fröschen nur so wimmelt. Weiter westwärts durchqueren wir die Ropa-Ebene, eine flache, mit einigen verstreuten Bäumen bestandene Niederung zwischen niedrigen Bergen. Beim Aufstieg zum Ag Georgios kommt die Westküste in Sichtweite, die ganz anders ist als die Ostküste. Leuchtendgrüne Kiefern stehen auf den felsigen Meeresklippen, die sich hoch über den schönsten Stränden

Am Scotini-Weiher

Sumpfschildkröte

Korfus erheben — allen voran der Mirtiotissa-Strand.

Ausgangspunkt ist die Bushaltestelle in **Gouvia**: sie liegt an der (vierspurigen) Hauptstraße direkt vor der Ampel. Vorsichtig überqueren wir diese Straße. Dann gehen wir an der linken Seite von DIELLA'S DISCOUNT CENTRE entlang, um auf eine Landstraße zu gelangen (*nicht* links auf die andere Straße nach Danilia, dem Folklore-Dorf, biegen). An der dritten Linksabzweigung steht ein Schild ›VILLA JASMIN‹ (**10Min**): Wir folgen dieser Abzweigung durch den Rand der Feriensiedlung. Während wir eine niedrige Anhöhe überschreiten, kommt links ein großes Haus, das von Steinmauern umgeben ist. Etwa 40 m hinter diesem Haus nehmen wir den zweiten Weg, der links hinunter abzweigt. Wir kommen links an einem Bauplatz (oder neuen Haus) vorbei. Wir wandern an einem eingezäunten Feld entlang in ein sanftes offenes Tal hinab. Fünf Minuten nach Verlassen der Straße erblicken wir den auf Seite 105 abgebildeten **Scotini-Weiher**. Er ist der einzige Weiher hier oben, der nicht austrocknet.

Eine Minute hinter dem Weiher wenden wir uns an einer Verzweigung nach links und erreichen bald eine STRASSE (**40Min**). Wir folgen ihr nach links und biegen nach vier Minuten rechts auf eine Seitenstraße ab. Bald kommen wir an einigen Landvillen in schönen Gärten vorbei. Nach gut zehn Minuten biegen wir an einer Verzweigung nach rechts (leicht bergauf).

Wir folgen dieser Straße bis zum Ende der Asphaltierung, wo wir scharf links auf einen Schotterweg biegen (an dem Tor eines kleinen Gemüsegartens zur Rechten befindet sich ein Schild ›VATOS-ROPA‹). Bald kommt rechts ein Haus hinter einer Mauer mit einem Heiligenschrein im Garten.

Bald wandern wir in das **Ropatal** hinab. Wir gehen an einem unscheinbaren Feldweg vorbei, der rechts abzweigt, und erreichen sogleich einen breiten Querweg, dem wir nach rechts folgen. Über die Bäume hinweg können wir mehr und mehr das Ropatal erkennen. Jenseits der Ebene liegt das Dorf Gianades auf halber Höhe an den Hängen der Marmaro-Berge. Nach fünf Minuten gelangen wir auf einen Weg, der von rechts kommt, und folgen ihm nach links. Er setzt sich sogleich asphaltiert fort und führt an einigen Häusern vorbei. Durch einen Steinbruch, der noch in Betrieb ist, wurde bereits die Hälfte der linken Hangseite abgebaut. Nach fünf Minuten auf der Straße gelangen wir auf die Straße zum Steinbruch und gehen rechts weiter. Nach wenigen Minuten erreichen wir die STRASSE KORFU-STADT/LIAPADES (**1Std35Min**) und biegen nach rechts.

Nun geht es durch die **Ropa-Ebene**. Nach etwa 40 m biegen wir links auf einen Feldweg ab, der quer durch die Ebene führt. Im Frühling ist das Gras kniehoch, und zahlreiche Blumen blühen. *Achtung:* Dieser Weg endet vor einem Gelände, bei dem es sich um eine Militäranlage handeln *könnte. Bitte sicherheitshalber in dieser Gegend keine Fotos machen*, da sonst möglicherweise der Film beschlagnahmt wird.

Wir wandern rechts von der Einfriedung auf einem schwächeren Weg weiter, der bald in ein Feld führt. Vor uns erblicken wir das Dorf Vatos, unser nächstes Ziel, ausgestreckt auf den unteren Hängen des Berges Ag Georgios. Nach etwa 20 Minuten erreichen wir einen breiten DRAINAGE-GRABEN. An dieser Stelle gelangen wir auf den Corfu Trail (nach Süden) und werden ihm bis Mirtiotissa folgen. Wahrscheinlich bekommt man nun einige Vögel zu Gesicht, darunter Lerchen, Stieglitz, Störche, Schwarzkehlchen und Braunkehlchen. Wir biegen

Mirtiotissa-Strand (Picknick 15)

nach links und gehen entlang der Böschung; der breite Graben liegt rechts. Bald gelangen wir auf einen Schotterweg (der Graben sieht jetzt fast wie ein Kanal aus) und passieren mehrere Stahlbrücken, die den Golfplatz beiderseits des Kanals verbinden. Wir bleiben auf dem Weg, überqueren eine Betonplattenbrücke und sehen bald das GOLFPLATZ-CLUBHAUS auf der gegenüberliegenden Seite. Nahe der Einfahrt zum Golfplatz stoßen wir am Ortsrand von **Vatos** (**2Std05Min**) auf die ERMONES-STRASSE und biegen nach links.

Nach zwei Minuten (knapp 100 m nach der Shell-TANKSTELLE) biegen wir rechts auf ein schmales Asphaltsträßchen. *(Die Kurzwanderung beginnt hier; die Variante führt geradeaus zur Abzweigung Pelekas/Glyfada.)* Nach ein paar Minuten Anstieg biegt die Straße vor einem Haus scharf nach links. Etwa 30 m hinter dem Haus zweigen wir rechts auf einen Pfad ab, der von hohen Zäunen flankiert ist. Dieser alte Dorfpfad führt uns zu einer Straße direkt unterhalb von Vatos (fünf Minuten von der Hauptstraße entfernt). Wir folgen dieser Straße nach rechts und gehen nach zwei Minuten links in den OBEREN ORTSTEIL von **Vatos** hinauf (**2Std20Min**). Nun marschieren wir geradeaus durch das Dorf. Nach drei Minuten gehen wir rechts eine Asphaltstraße hinauf und passieren die Dorfschule; die Straße setzt sich geschottert fort; dann kommt Beton, Schotter, Teer … und wieder Schotter.

Der Weg steigt stetig an den unteren Hängen des **Berges Ag Georgios** an. Kurz nach zwei SENDEMASTEN wandern wir um einen Hangausläufer und blicken auf das türkisgrüne Meer hinab. Der Hang bricht hier steil zu den unterhalb liegenden Felsen ab. Wir gehen auf dem Weg weiter und haben rückblickend eine herrliche Sicht auf die hügelige Küste. Nach 15 Minuten Abstieg teilt sich der Weg: Wir gehen nach links bergab und kommen an den wenigen alten Häusern des verlassenen Weilers **Trialos** vorbei. Es geht gemächlich bergab; links verläuft ein Maschendrahtzaun. Am Ende des Pfades nahe dem

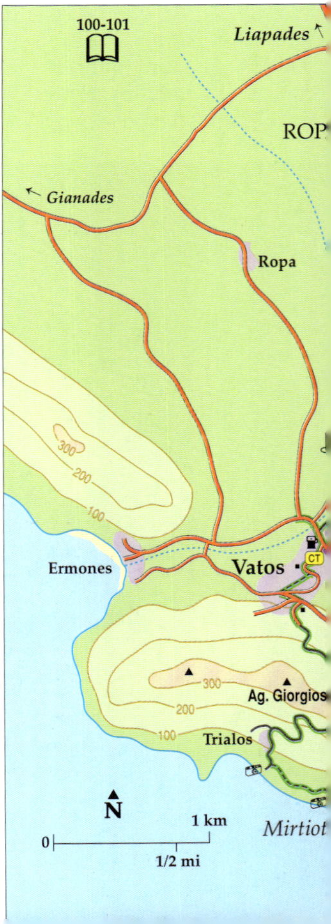

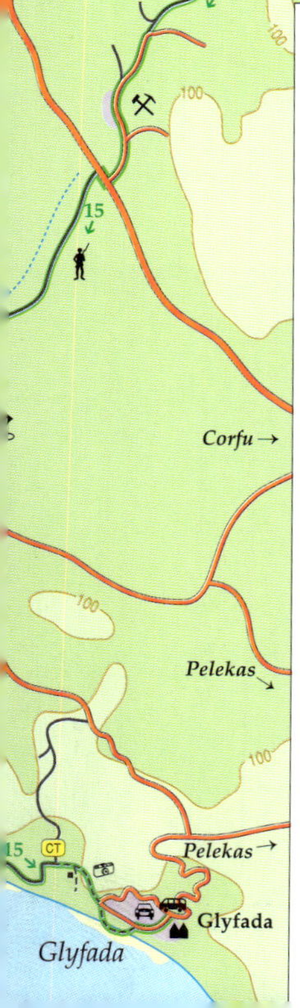

Klippenrand, wo der Zaun endet, gehen wir links durch eine Lücke im Zaun und folgen einem schmalen, aber deutlichen Pfad. Wir sind nun nicht weit vom oberen Klippenrand entfernt und es bietet sich ein Blick nach Süden auf die Küste. Etwas weiter verbreitert sich der Pfad zum Weg; das Gebäude hoch oben zur Linken ist **Moni Mirtiotissa**.

Wir gehen auf dem Weg zu der Abzweigung, die zum Kloster hinaufführt. (Die Kapelle ist sehr klein, aber voller interessanter Artefakte.) Wir verlassen die Kapelle und gehen zu dem schönen Sandstrand hinab, der auf Seite 106-107 abgebildet ist; dahinter erheben sich mit Kiefern bewachsene Klippen. In der nassen Jahreszeit stürzen kleine Bäche diese Felswände herab. Das abgeschiedene, von Mauern umgebene Kloster ist fast völlig von Bäumen verdeckt und liegt außer

Sichtweite des Strandes. (Vielleicht ist das auch ganz gut so, da dies Korfus bekannter, aber nicht offizieller FKK-Strand ist.) Die Unzugänglichkeit des **Mirtiotissa-Strandes** (**3Std20Min**; Picknick 15) hat bislang jede Bautätigkeit verhindert.

Um nach Glyfada weiterzuwandern, folgen wir dem steilen Weg vom Mirtiotissa-Strand. Nach knapp zehn Minuten Anstieg, direkt nach einer S-Kurve und nach einer knallbunten Taverne am Straßenrand, gehen wir rechts einen Weg hinab (beschildert zur ›TAVERNA MIRTIOTISSA‹). Der Weg verläuft durch einen Olivenhain zu einer Restaurantbar, die zurückversetzt zwischen den Bäumen steht. Wir halten uns auf der linken Seite eines kleinen WC-Häuschens und folgen dem Pfad geradeaus, der zwischen zwei Zäunen verläuft (*nicht* nach rechts hinabgehen!). Wir durchqueren ein kleines flaches Gelände und blicken auf den herrlichen Strand von Glyfada am Fuße pinienbestandener Klippen. Leider wird dieses wunderschöne Fleckchen durch ein großes Hotel und Appartementblocks beeinträchtigt. Der Strand ist auch bei den Einheimischen sehr beliebt.

Wir steigen von der flachen Lichtung ab, folgen dabei einem Wasserlauf und steigen sehr steil zum Strand hinunter. Vorsicht — der Abstieg ist steil und steinig. Dieser Abstieg ist steinig und sehr steil. Nach drei Minuten sind wir unten auf der Rückseite eines Restaurants und gehen von hier zum STRAND von **Glyfada** hinab (**3Std40Min**). Nun spazieren wir nach links fünf Minuten am Strand entlang und folgen dann einer breiten Straße zu einem großen Parkplatz hinauf. Wir marschieren fünf Minuten weiter auf der Straße bergauf bis zur Abzweigung oberhalb des Hotels, wo der Bus wendet (**3Std50Min**).

16 ANO GAROUNA • KLOSTER AG DEKA • WASSERWERK-GARTEN • BENITSES

Fotos auf Seite 36 und gegenüber **Länge:** 7,0 km; 2 Std. 25 Min.

Schwierigkeitsgrad: mittelschwer. Aufstieg über 280 Höhenmeter auf einem deutlichen, aber ziemlich zugewachsenen Pfad und relativ steiler Abstieg über 580 Höhenmeter.

Ausrüstung: Wanderstiefel, Sonnenhut, Sonnencreme, Sonnenbrille, langärmeliges Hemd, lange Hose (gegen Gestrüpp und Sonne), Pullover, Regenzeug, Badesachen, Proviant, Getränke

Anfahrt: 🚌 nach Ano Garouna (Fahrzeit 40 Min.)
Rückfahrt: 🚌 von Benitses; Fahrzeit 30 Min.

Kurzwanderung: Ano Garouna — Kloster Ag Deka — Ano Garouna: 3,5 km; 1 Std. 25 Min.; mittelschwerer Auf-/Abstieg über 280 Höhenmeter (wie oben). Ausrüstung und Anfahrt wie oben; Rückfahrt mit derselben Buslinie (oder 🚗: auf dem Parkplatz unterhalb Ano Garouna parken). Man folgt der Wanderung bis zur 45Min-Stelle und kehrt auf demselben Weg zurück.

Variante: siehe Variante 17-2 auf Seite 114.

Mit 576 m ist der Ag Deka im Inselinnern der zweithöchste Berggipfel Korfus. Eine flache Senke auf dem Gipfel soll dem Volksmund nach der Krater eines längst erloschenen Vulkans sein. In der Senke liegt ein kleiner wilder Paradiesgarten mit 45 verschiedenen Obstsorten, die hier gedeihen. Versteckt steht das Kloster Pantokrator von Ag Deka hinter grün bewachsenen Mauern auf dem Gipfel, eine kühle schattige Oase. Beim Auf- und Abstieg genießen wir einen herrlichen Blick auf die landeinwärts gelegenen Berge und Täler, die bis zur Küste reichen und hier ins Meer abbrechen. In Küstennähe entdecken wir einen überwucherten Garten, der das vor 150 Jahren zur Versorgung von Korfu-Stadt erbaute Wasserwerk umgibt. Auf dieser Wanderung folgen wir teilweise dem Corfu-Trail.

Ausgangspunkt ist die BUSHALTESTELLE bzw. der PARKPLATZ unterhalb **Ano Garouna**. Mit Blick auf den oben gelegenen Ort folgen wir einem Pfad, der rechts zur Dorfmitte ansteigt. Der Pfad kommt direkt unterhalb eines Restaurants (z.Zt. geschlossen) heraus, und wir wandern zwischen den Häusern weiter empor. Dann nehmen wir die erste Linksabzweigung. (An dieser Stelle führt eine Gasse nach rechts an zwei sehr alten Kafeneions vorbei zum Dorfplatz.) Sogleich biegen wir wiederum nach links. An der nächsten Verzweigung halten wir uns rechts und lassen das Dorf hinter uns. An einer Verzweigung neben einem großen Olivenbaum gehen wir links weiter. Drei Minuten nach dem Ortsende wandern wir oberhalb einer aus Stein erbauten Scheune vorbei. Fünf Minuten danach kommt etwas weiter oben eine Straße in Sicht. Wir kraxeln über den Hang zu dieser Betonstraße hinauf und folgen ihr 20 m nach links. Dann steigen wir rechts die steile Böschung empor; der Pfad ist hier nicht eindeutig. Nach ein paar Minuten erreichen

Links: Im Herbst werden am Kloster Pantokrator von Ag Deka die Kastanien aufgelesen (Wanderung 16).

wir einen steingepflasterten Weg und folgen ihm nach rechts bergauf. Am Ende dieses Weges gehen wir auf dem überwucherten Pfad weiter. Der Pfad ist stets deutlich, aber man muss sich durch die wuchernde Vegetation hindurchbahnen.

Mit steigender Höhe reicht der Blick in nördlicher Richtung bis zum Pantokrator. Ein stetiger Aufstieg führt uns zu einer VERZWEIGUNG (**40Min**). Links unten liegt das Dorf Ag Deka, das wir später besuchen werden; rechts oben steht das Kloster Ag Deka. Wir gehen rechts weiter, vorbei an einem Garten mit Kirch- und Walnussbäumen, und gelangen in den schattigen Hof des **Klosters Ag Deka** (**45Min**). Wir befinden uns jetzt fast unbemerkt in dem flachen ›Krater‹. Am Brunnen kann man seinen Durst löschen. Die Kapelle ist unverschlossen. Die verlassenen Klausen der Mönche werden heute nur noch als Lagerraum benutzt, es sei denn, es findet hier gerade ein Fest statt.

Wir kehren zu der Verzweigung unterhalb des Klosters zurück und gehen geradeaus (d.h. rechts) zum Dorf Ag Deka weiter. Nach zehn Minuten Abstieg auf diesem teils gepflasterten Pfad passieren wir einen auffälligen Felsen, von dem sich ein ausgezeichneter Ausblick bietet. Man schaut genau auf die Lagune nahe dem Flughafen hinab. Verstreut liegen Dörfer inmitten von Olivenhainen an den Hängen. Das auffällige weiße Gebäude rechts unten ist die Villa Achilleion. Bald erreichen wir einen frisch planierten Stein- und Erdweg. Wir gehen nach links bergab, um eine S-Kurve, und weiter bergab. Nach zwei Minuten biegen wir scharf rechts auf einen schmaleren Weg ab. Nach nur 50 m achten wir auf einen Felsbrocken mit einem roten Pfeil: hier gehen wir auf dem Pfad weiter, der steil nach links bergab führt; rechts oben stehen Ölbäume und links verläuft ein Maschendrahtzaun. Wir wandern bergab und folgen dem Zaun nach links, wo ein Pfad von rechts einmündet. Nach etwa 20 m bergab biegen wir nach rechts (ein anderer Zaun verläuft links). Wir überqueren ein Wasserrohr und laufen weiter bergab. Bald gehen wir einige grobe Stufen hinab, die zu einem Parkplatz hinunter führen. Direkt oberhalb des Parkplatzes wenden wir uns rechts auf einen betonierten Pfad, der nach knapp 100 m in das DORF **Ag Deka** führt. Wir gehen geradeaus durch die schmalen Gassen und gelangen nach drei Minuten auf die Straße (**1Std25Min**).

Nun folgen wir der Straße nach rechts. Nach gut fünf Minuten, sobald wir das Dorf verlassen (und direkt hinter einer Kurve), passieren wir einen Heiligenschrein, der rechts in einer Rückhaltemauer gebaut ist. Etwa 40 m danach, gegenüber einem Garten (namens ›Love Nest‹!), gehen wir links einen Pfad in den Olivenhain hinab. Dieser Pfad wird uns nach Benitses führen. Nach zehn Minuten Abstieg gehen wir an einer Linksabzweigung und fünf Minuten später an einer Rechtsabzweigung vorbei. Zwei Minuten später mündet von links ein Pfad ein. Wir

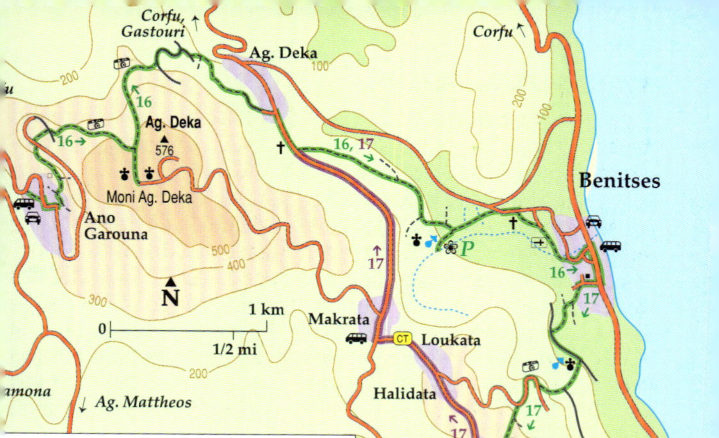

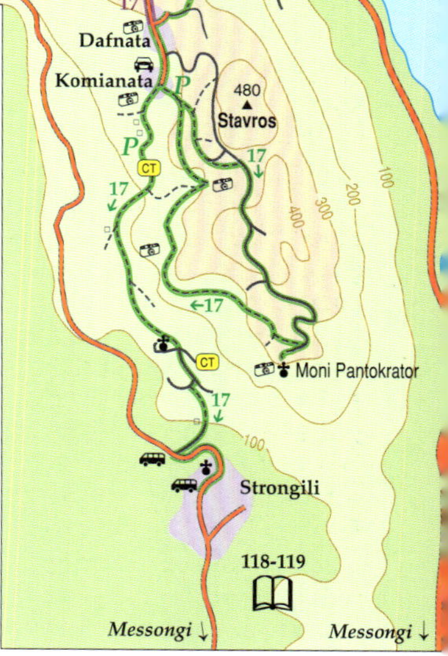

stoßen auf einen Querweg und gehen rechts weiter. In zwei Minuten sind wir am WASSERWERK-GARTEN (**2Std**; Picknick 16). Ein Bach fließt die mit üppigem Grün bestandene Talsohle hinab. Dieses wunderschöne Fleckchen ist ein einziger Wildgarten.

Wir kehren zu der Verzweigung zurück und wandern nun geradeaus zwischen Obsthainen und Gemüsegärten weiter. Ein Damm führt uns zu einer Straße. Wir gehen die Straße eine Minute nach rechts und steigen dann Stufen neben einem knallbunten Heiligenschrein hinab. Dann folgen wir dem Pfad unterhalb des Schreins und schwenken nach links in die Bäume. Der Pfad mündet in die Straße zur Kläranlage. Wir laufen die Betonstraße 40 m nach rechts hinab und gehen dann links (gegenüber dem Zufahrtstor zur Kläranlage) einen Pfad hinab. Wir kommen am Friedhof vorbei und gelangen an einem von Bäumen beschatteten Parkplatz neben einem Bach auf ein schmales Sträßchen. Nun überqueren wir den Bach und laufen auf einer schmalen Straße durch das alte Dorf. Wir kommen zum Hauptplatz von **Benitses** gegenüber dem Hafen (**2Std25Min**). Auf der zum Meer gelegenen Seite der Hauptstraße können wir jeden Bus (grün oder blau) nehmen.

17 BENITSES • DAFNATA • STRONGILI

Siehe die Karte auf Seite 113 **Länge:** 10,0 km; 3 Std. 50 Min.

Schwierigkeitsgrad: anstrengend; Aufstieg über 400 Höhenmeter und Abstieg über 400 Höhenmeter (bei Nässe gefährlich).

Ausrüstung: Wanderstiefel oder knöchelhohe Schuhe mit gutem Profil, Sonnenhut, Sonnencreme, Sonnenbrille, langärmeliges Hemd, lange Hose, Vlies, Regenzeug, Badesachen, Proviant, Getränke

Anfahrt: nach Benitses; Fahrzeit 30 Min.
Rückfahrt: von Strongili; Fahrzeit 1 Std.

Kurzwanderung: Komianata — Moni Pantokrator — Komianata: 3,8 km; 1.20 Std. Mittelschwer; Aufstieg über insgesamt 100 Höhenmeter; einige Pfade sind sehr steinig. Anfahrt mit oder nach Komianata (direkt vor dem Ende der Straße parken, aber die Wendebucht des Busses nicht behindern). Man folgt der Hauptwanderung von der 1Std15Min-Stelle zur 2Std35Min-Stelle.

Varianten

1 Benitses — Dafnata — Kloster Pantokrator — Benitses: 9,5 km; 3 Std. 35 Min.; Schwierigkeitsgrad, Ausrüstung, Anfahrt wie oben; Rückfahrt mit demselben Bus (oder hin und zurück nach Benitses; auf dem großen Parkplatz am Meer parken). Man folgt der Wanderung bis zum Kloster, kehrt dann nach Dafnata zurück und folgt der Route des Hinwegs nach Benitses zurück.

2 Benitses — Dafnata — Moni Pantokrator — Ag Deka — Benitses: 14,6 km; 4.20 Std. Schwierigkeitsgrad, Ausrüstung und Anfahrt wie bei der Hauptwanderung; Rückfahrt mit demselben Bus (oder nach Benitses und zurück; auf dem großen Parkplatz am Ufer parken). Die Rundwanderung folgt der Aufstiegsroute der Hauptwanderung und verläuft dann auf ruhigen Landstraßen, die mehrere Bergdörfer verbinden; sie endet mit der Abstiegsroute von Wanderung 16 nach Benitses. Man folgt der Hauptwanderung zur 2Std35Min-Stelle. Dann geht man die Straße zurück durch Dafnata und Halidata. Nachdem man nach knapp 2 km die Straße Ag Deka/Strongili erreicht, biegt man nach rechts und folgt ihr zum südlichen Ortsrand von Ag Deka. Hier achtet man auf der linken Straßenseite auf einen kleinen Garten namens ›Love Nest‹ — direkt vor einem Heiligenschrein in der Mauer am Straßenrand. Der Pfad hinab nach Benitses liegt rechts gegenüber diesem Garten. Man schließt sich Wanderung 16 an der 1Std25Min-Stelle an und folgt ihr über den Wasserwerk-Garten nach Benitses zurück.

Durch Zypressen und Olivenhaine schlängelt sich unser Weg zum Bergdorf Dafnata hinauf, während hinter unserem Rücken eine herrliche Küstenlandschaft liegt. Das Dorf liegt hoch oben auf dem Tafelberg Stavros. Auf dem Berg steht die kleine Kapelle des Klosters Pantokrator. Zwischen Komianata und Strongili folgt unsere Wanderung meistens einem Teilstück des Corfu Trail.

Ausgangspunkt ist **Benitses:** Wir gehen die Hauptstraße nach Süden. Direkt nach dem Hotel Potamaki, das auf der rechten Seite kommt, biegen wir rechts auf eine Straße an. (Ein gelber Punkt markiert diese Abzweigung.) Wir stoßen auf eine Querstraße, die parallel zu einem Graben verläuft (**2Min**), und gehen links weiter. Nach 30 m biegen wir links auf einen Pfad ab; die gelben Punkte tauchen wieder auf. Nach knapp einer Minute, direkt hinter einem eingezäunten Olivenhain, steigen wir rechts

Moni Pantokrator

Stufen empor. Oben biegt der Pfad nach links. An einer Verzweigung bei einem Strommast gehen wir rechts einen gepflasterten Pfad hinauf (gelber Pfeil). Wir wandern an einer Rechtsabzweigung vorbei auf dem gepflasterten Pfad oberhalb Benitses am Hang entlang. Drei Minuten nach der Abzweigung kommt links ein Zaun. Während des Anstiegs droht sich der Pfad zu verlieren; wir müssen uns rechts von dem Olivenhain halten.

Schließlich stoßen wir auf einen WEG (**30Min**) und wandern links weiter. Nach fünf Minuten gehen wir rechts die Zufahrt zu einer Kapelle hinauf. Hier erwartet uns eine erfrischende, kühle Quelle im Schatten einer gewaltigen Eiche. Nun folgen wir dem Pfad, der unterhalb des Kirchhofs verläuft, um den Hang führt und ein ausgetrocknetes Bachbett durchquert. Fünf Minuten nach Verlassen der Kapelle führt der Pfad zu einer Asphaltstraße hinauf. Wir folgen dieser Straße nach rechts; in einer Linksbiegung bietet sich ein schöner Blick auf Benitses hinab und entlang der Küste bis Korfu-Stadt.

Wir wandern durch Kiefernwald bergauf. Dort, wo die Straße in einen Olivenhain führt, achten wir aufmerksam auf einen links abzweigenden Pfad. Wir folgen diesem Pfad steil zwischen Zypressen bergauf. Nach fünf Minuten halten wir uns an einer Verzweigung rechts und folgen einem Zickzackpfad steil bergauf. Wir stoßen auf einen Weg und gehen ihn nach rechts; dieser Weg setzt sich bald als Betonsträßchen fort, das uns steil zur Straße in **Dafnata** hinaufführ. Hier gibt es einen schönen Aussichtspunkt auf Korfu-Stadt und die Ostküste. Ein alter Mühlstein dient als Tisch und es gibt mehrere Sitze. Wir folgen der Straße nach links durch das Dorf und erreichen den kleinen Weiler **Komianata**. Es geht geradeaus durch eine Gasse zum kleinen Dorfplatz mit einem kleinen Baum in der Mitte (**1Std15Min**).

Sobald wir diesen Platz erreichen, nehmen wir den ersten Pfad, der links ansteigt (am *oberen* Ende des Platzes). Dann biegen wir sogleich nach rechts und gehen hinter den Häusern vorbei, um mit dem Aufstieg zum Stavros zu beginnen. Bald bietet sich ein herrlicher Blick auf die Inselmitte (Picknick 17). Nach zwei Minuten auf dem Pfad wandern wir an einer Rechtsabzweigung (unserem Rückweg) vorbei. An dieser Stelle machen wir eine Doppelkehre bergauf, in dem wir uns nach links wenden und nach wenigen Metern rechts abbiegen. Unser Ziel ist die Anhöhe etwas zur Rechten. Nach knapp zwei Minuten laufen wir an einer unscheinbaren Linksabzweigung vorbei. Unterhalb eines eingezäunten Geländes überqueren wir einen Weg und gehen auf dem Pfad weiter, der am Hang verläuft. Dann gelangen wir auf einen Weg, dem wir nach rechts über die Flanke des **Stavros** folgen; alle Wege links und rechts lassen wir unbeachtet.

Bald nach einigen Gemüsefeldern am Hang beginnt der Weg bergabzuführen und wir erblicken bald rechts unten **Moni Pantokrator** (**2Std**). Das Gebäude steht auf einem Fels über dem Tal von Messongi. Im Innern der Kapelle gibt es einige kaum erkennbare Fresken und ein Gemälde. Ehe wir die Wanderung fortsetzen, sollten wir uns erst einmal orientieren. Wenn man in Richtung des Weges schaut, sieht man links unten den Rückweg an den Hängen des Stavros. Wir gehen nun den Weg 25 m bergauf zurück und nehmen einen Pfad, der links bergabführt (neben einem großen Felsen). Nach zwei Minuten gehen wir an einer Linksabzweigung vorbei. Während wir am Hang entlangwandern, erblicken wir unten Strongili. Eine halbe Stunde nach der Kapelle laufen wir an einer unscheinbaren Linksabzweigung vorbei. (Diese Abkürzung führt zu dem Pfad nach Strongili hinab, ist jedoch überwuchert.) Wir kommen wieder in Olivenhaine und wandern nach rechts bergauf. Bald gelangen wir wieder auf unseren Hinweg und folgen ihm nach links. Nach zwei Minuten sind wir wieder unten am Platz in **Komianata** (**2Std35Min**).

Um nach Strongili hinabzuwandern, wenden wir uns am unteren Ende des Platzes nach links (gelber Pfeil). Ein steiniger Pfad führt uns in die Zypressen hinab (Picknick 17). Wir bleiben auf dem Hauptpfad und gehen links an einigen Wellblechschuppen vorbei. An dieser Stelle lassen wir die rechts abzweigenden Pfade unbeachtet. Etwa zehn Minuten nach Verlassen des Platzes in Dafnata, oberhalb eines dachlosen Steingebäudes, halten wir uns an einer Verzweigung links. An der nächsten Verzweigung, fünf Minuten später, halten wir uns rechts. Kurz danach taucht wieder Strongili auf. Fünf Minuten nach der letzten Verzweigung kommen wir neben einer Kapelle heraus. Wir begeben uns auf ihre Rückseite und stoßen auf einen Weg, dem wir nach links folgen. Der Weg teilt sich sogleich, und wir gehen nach rechts hinab. Nach fünf Minuten verzweigt sich der Weg erneut: Wir wenden uns nach rechts bergab und biegen nach wenigen Metern links auf einen Pfad (gelber Pfeil auf einem Baum). Wir gehen links an einer Scheune vorbei und gelangen auf einen unscheinbaren Weg, der uns zur STRASSE NACH STRONGILI hinabführt (**3Std45Min**). Man kann entweder hier auf den Bus warten oder links nach **Strongili** weitergehen (**3Std50Min**), wo es eine Bushaltestelle und mehrere Cafés gibt.

18 MESSONGI • AG DIMITRIOS • HLOMOS • KOUSPADES • KORAKADES • PETRETI • PERIVOLI

Siehe auch das Foto auf Seite 40 **Länge:** 14,5 km; 3 Std. 35 Min.

Schwierigkeitsgrad: leicht bis mittelschwer. Anfangs steiler Aufstieg über 300 Höhenmeter.

Ausrüstung: feste Schuhe, Sonnenhut, Sonnencreme, Sonnenbrille, langärmeliges Hemd, lange Hose, Regenzeug, Badesachen, Proviant, Getränke

Anfahrt: 🚌 nach Messongi (oder mit dem Bus in Richtung Kavos bis Messongi fahren); Fahrzeit 45 Min.; oder 🚗 nach Messongi; an der Uferpromenade im Ort (an der Hauptstraße durch den Inselsüden) parken. *Rückfahrt:* 🚌 von Perivoli (Fahrzeit 1 Std. 05 Min.) zurück nach Korfu-Stadt oder zum eigenen Fahrzeug in Messongi.

Variante: Hlomos — Kouspades — Korakades — Petreti — Notos — Boukari — Hlomos: 11,5 km; 2.45 Std. Leicht bis mittel, mit einem Ab-/Anstieg über insgesamt 220 Höhenmeter. Ausrüstung wie bei der Hauptwanderung. Anfahrt: 🚌 oder 🚗 nach Hlomos (auf dem Parkplatz oder am Ortseingang parken). Ausgangspunkt ist die Kirche: man folgt der Hauptwanderung ab der 1Std20Min-Stelle zur Bucht von Notos. Nach einer Rast oder einem Bad im Meer geht man um die Landspitze herum nach Petreti zurück. Dann überquert man den Strand und kommt bald am Fischerhafen vorbei, wo man auf eine steinige Straße entlang der Küste gelangt. Man folgt ihr 2 km zum Sandstrand Boukari. Nun folgt man der Straße nach Kouspades hinauf. Auf der Anhöhe biegt man nach rechts und kehrt über den Hinweg nach Hlomos zurück.

Der erste und der letzte Teil dieser Wanderung spricht nicht jeden an, da man auf der Straße geht; diese Straßen sind aber außerhalb der Hochsaison kaum befahren. Zauberhafte Ortschaften von ganz eigenem, unverwechselbaren Charakter liegen am Wegesrand — hoch auf Bergrücken, an steilen Hängen und über dem Meer. Unsere Wanderroute schlängelt sich an waldigen Hängen oberhalb der Küste entlang. Von stets wechselnden Ausblicken begleitet, kommen wir durch Olivenhaine und Zypressenalleen.

Ausgangspunkt ist die Bushaltestelle bzw. der Wendeplatz in **Messongi**. Wir gehen in die Richtung zurück, aus der der Bus in den Ort hineingefahren ist, und biegen an einer Querstraße (**2Min**) links nach Ag Dimitrios. Dieser Straße folgen wir bergauf an Kato Spilion vorbei, einem kleinen Dorf an einer rechts abzweigenden Seitenstraße. In **Ag Dimitrios** (**55Min**) biegt die Straße links nach Hlomos. Ehe wir jedoch die Wanderung fortsetzen, gehen wir eine Minute nach rechts bergauf, um einen herrlichen Ausblick auf das zentrale Bergland, den Golf und die Anhöhen des Pantokrator zu genießen. Wir kehren zur Straße nach

Hlomos

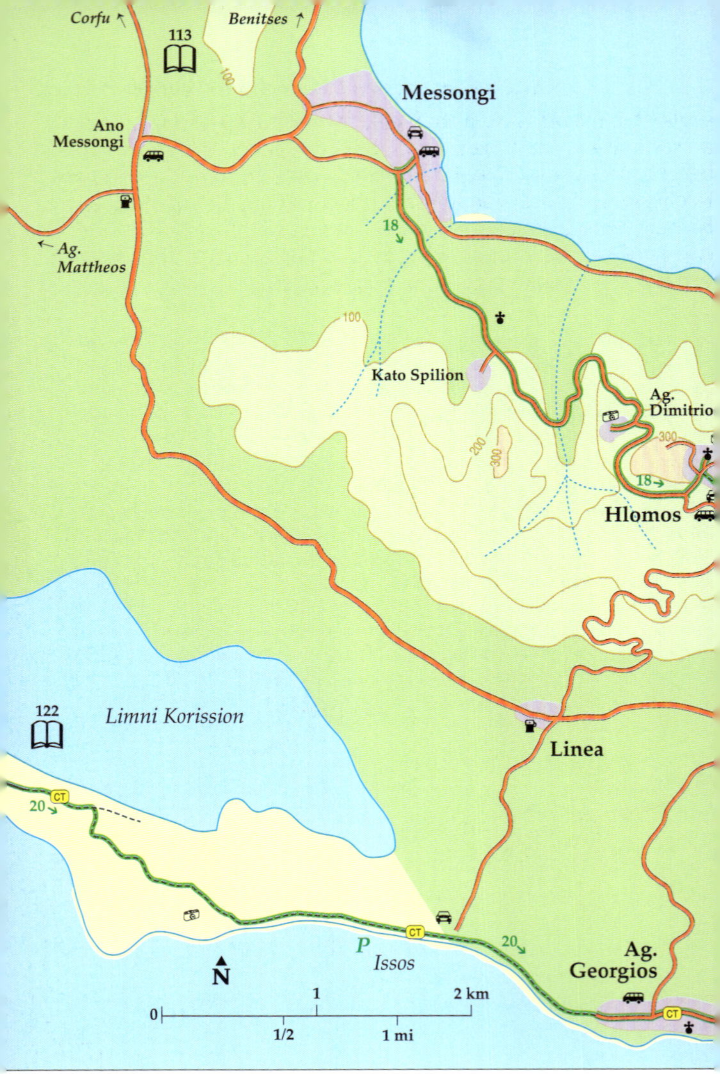

Hlomos zurück und folgen ihr gut 1 km, bis wir die erste Linksabzweigung nehmen, die uns zum oberen Ende dieses stufenförmig am Hang erbauten Dorfes führt. Nach zwei Minuten Anstieg biegen wir rechts auf ein Sträßchen ab. Es biegt nach links und führt unterhalb der Kirche vorbei. Von der KIRCHE in **Hlomos** (**1Std 20Min**; Picknick 18a) bietet sich ein schöner Blick über die Nordküste auf den Pantokrator und nach Süden zur Spitze der Insel.

Wir verlassen die Kirche und gehen das Sträßchen zurück, bis wir die erste links abzweigende Gasse nehmen und einem Wegweiser zur TAVERNE SIRTAKI folgen. Die Gasse ist von alten Häusern gesäumt. Nach einer Minute begeben wir uns entweder nach rechts zur Taverne oder biegen nach links und wenden uns sogleich nach rechts, um nach einer Minute unten am Dorfplatz anzukommen. An diesem schmalen Platz gehen wir geradeaus bergab. (Wenn man von der Taverne kommt, muss man die erste Rechtsabzweigung von diesem Platz nehmen.) Nach einer halben Minute steigen wir rechts Stufen hinab und wandern dann auf dem Pfad in ein kleines Tälchen hinunter. Die Route verläuft an der Seite einer steilen Böschung.

Nach zehn Minuten kommen hintereinander zwei Verzweigungen, an denen wir uns jeweils rechts halten. Rote Pfeile und Punkte markieren diesen Streckenabschnitt. Nach einer Minute laufen wir an einem rechts abzweigenden Pfad vorbei. Kurz danach stoßen wir auf einen Weg (genau an der Stelle, wo er nach links abbiegt) und wandern geradeaus auf diesem Weg weiter. Unmittelbar nach einer Rechtsabzweigung gehen wir an einer Verzweigung wiederum geradeaus weiter, vorbei an einer Linksabzweigung.

Wir kommen durch das malerische **Kouspades** (**1Std40Min**) und gehen direkt danach geradeaus über eine Kreuzung hinweg. Etwa fünf Minuten später kommen wir durch **Vassilatika**. Einige Minuten hinter einer Fabrik verlassen wir die Straße und steigen rechts einen Pfad empor. Nach drei Minuten gehen wir an einer Verzweigung geradeaus weiter und erreichen **Korakades**, wo wir rechts auf die Dorfstraße einbiegen. Das Bauerndorf scheint am Aussterben zu sein. Bald biegt das Sträßchen scharf nach links. Wir wandern an verlassenen Häusern vorbei (Picknick 18b) in Serpentinen bergab. Links bietet sich ein großartiger Blick durch die Bäume auf die Berge von Epirus.

Nach gut zehn Minuten stoßen wir auf eine Straße am Ortsrand des kleinen Fischerdorfs **Petreti**. Wir überqueren die Straße und gehen fast genau gegenüber auf einer Straße weiter bergab. Nach einer Minute überqueren wir erneut die Straße. Am unteren Ende der Straße biegen wir nach links. Nach 100 m nehmen wir die rechts abzweigende Straße, die zu einem wattartigen Strand hinabführt (**2Std30Min**). Nun wenden wir uns nach rechts entlang der Küste, laufen auf dem Strand weiter und überqueren zwei Bäche (keine Fußstege). Am Ende des Strandes folgen wir einem Pfad durch einen Olivenhain über eine niedrige Landspitze und weiter zur schönen Bucht von **Notos** (Picknick 18c).

Wir gehen ein kurzes Betonsträßchen hinauf und gelangen auf der Anhöhe auf eine Asphaltstraße. Nun gehen wir auf der Küstenstraße weiter. 10 Minuten später biegen wir an einer Querstraße nach links und folgen weiter der Küste. Nach gut 1 km schwenkt die Straße landeinwärts nach **Perivoli** (**3Std 35Min**). Die BUSHALTESTELLE liegt vor den Cafés und Bars, direkt rechts von der Straßeneinmündung.

Der Kanal an der Korission-Lagune (1Std45Min-Stelle auf Wanderung 20). Im Hintergrund erhebt sich der Ag Mattheos (Wanderung 19).

19 AUFSTEIG ZUM AG MATTHEOS

Foto auf Seite 24 (Fotos des Ag Mattheos auf Seite 15 und gegenüber)

Länge: 6,0 km; 2 Std. 20 Min.

Schwierigkeitsgrad: anstrengend. Aufstieg über 300 Höhenmeter auf einem Weg; Abstieg über 300 Höhenmeter auf einem felsigen Pfad und einem Weg.

Ausrüstung: Wanderstiefel, Sonnenhut, Sonnencreme, Sonnenbrille, langärmeliges Hemd, lange Hose, Regenzeug, Badesachen, Proviant, reichlich Getränke

An- und Rückfahrt: 🚌 zum Dorf Ag Mattheos; Fahrzeit 50 Min.; oder 🚗: an der Hauptstraße südlich des Ortes nahe dem Garten mit Gartenzwergen parken, wo die Wanderung beginnt.

Der herrliche Rundblick über den Süden Korfus, der sich vom Berg Ag Mattheos bietet, lohnt den Aufstieg. Am besten macht man diese Tour am späten Nachmittag, wenn es kühler ist und das Licht weicher wird. Der Weg, dem man beim Aufstieg folgt, ist breit und unschön und verschandelt den ganzen Hang, aber der Abstiegspfad durch den Kermeseichenwald (einer der wenigen, die sich auf der Insel erhalten haben) bietet dafür mehr als Entschädigung.

Unser **Ausgangspunkt** liegt im Dorf **Ag Mattheos** außerhalb der Cafés und Restaurants, die sich an der Hauptstraße aneinanderreihen. Wir folgen der Hauptstraße gut fünf Minuten nach Süden. In der Nähe des Ortsrandes, unmittelbar nach einer Bäckerei auf der rechten Seite, gehen wir rechts ein Sträßchen hinauf. (Sobald man abgebogen ist, sieht man einen Garten mit Gartenzwergen — Schneewittchen und die sieben Zwerge!) Kurz danach laufen wir an einer Rechtsabzweigung vorbei. Bald ist das Sträßchen betoniert, dann geschottert. Binnen der ersten zehn Minuten münden von rechts zwei weitere Wege ein: Wir marschieren geradeaus weiter bergauf. An der nächsten Verzweigung (an einer Metallschranke) gehen wir geradeaus weiter (links liegt der ursprüngliche, jetzt teilweise planierte Bergweg).

Während des Aufstiegs bietet sich eine schöne Sicht auf das dichtbewaldete Messongital hinab. Weiter oben genießen wir einen Blick wie aus der Vogelperspektive auf Ag Mattheos und die Messongi-Bucht. Allmählich rückt die Ostküste ins Blickfeld, und in einer Biegung schauen wir auf die Korission-Lagune hinab (**1Std**). Bald umgibt uns dichter Kermeseichenwald. Der letzte Wegabschnitt ist betoniert.

Direkt unterhalb des Gipfels erreichen wir **Moni Pantokrator** (**1Std25Min**). Auf dem Weg unterhalb des von einer Mauer umgebenen Komplexes stehend, folgen wir dem Pfad, der links vom Moni ansteigt und zu drei ziemlich verwahrlosten Aussichtspunkten führt; am ersten steht eine Hütte auf Stelzen mit Blick auf die Westküste. Am Geodätischen Punkt vorbei gehen wir in eine verfallene Einfriedung auf dem GIPFEL des **Berges Ag Mattheos** zu einem Sitz mit Blick auf die Ostküste und etwas weiter zu einem Sitz, von wo in südlicher Richtung beide Küsten und der See Korission zu sehen sind. Im Oktober blühen zahllose Alpenveilchen und Krokusse auf der Anhöhe. Wintergoldhähn-

chen und Rotschwänze huschen im Wald umher, und manchmal zieht ein Bussard am Himmel seine Kreise.

Wir wandern wieder bergab und am Kloster vorbei. Nach einem kleinen Gebäude mit Ziegeldach, das auf der rechten Seite kommt, schließen wir uns einem Pfad an, der in den Wald führt. Nach fünf Minuten gehen wir an einem rechts abzweigenden Pfad vorbei. Sobald wir den Wald hinter uns lassen, kommt der Norden der Insel in Sichtweite. Nach knapp 40 Minuten Abstieg vom Gipfel gelangen wir auf eine Biegung unseres Hinwegs (**2Std05Min**). Wir folgen dem Weg 45 m nach links und gehen dann links einen anderen Weg durch einen Olivenhain hinab. Sobald die Fahrbahn betoniert ist, wandern wir nach rechts bergab. Gut fünf Minuten nach Verlassen des Aufstiegsweges sind wir auf dem Dorfplatz in **Ag Mattheos**. Wir wenden uns nach rechts, an der Kirche vorbei, und nehmen dann die erste Straße links und die nächste rechts. Nun folgen wir einem schmalen Sträßchen zur Hauptstraße hinab und kommen direkt links von den Cafés heraus (**2Std20Min**).

20 BURG GARDIKI • KORISSION-LAGUNE • AG GEORGIOS • GOLDEN BEACH • PERIVOLI

Die Karte beginnt gegenüber und endet auf Seite 118-119; siehe die Fotos auf Seite 15, 40 und 120

Länge: 22,5 km; 6 Std. 10 Min.

Schwierigkeitsgrad: leicht. Es geht immer am Strand entlang, aber durch den Sand zu stapfen ist ganz schön anstrengend. Steiler Aufstieg über 100 Höhenmeter nach Perivoli.

Ausrüstung: so wenig wie möglich! Turnschuhe für die Wege zwischen den Stränden und die gelegentlichen felsigen Abschnitte, Sonnenhut, Sonnencreme, Sonnenbrille, Badesachen, Proviant, reichlich Getränke

Anfahrt: zur Abzweigung zur Burg Gardiki (Bus in Richtung Ag Mattheos); Fahrzeit 45 Min. Oder bzw. nach Messongi (an der Hauptstraße direkt am Rande der Ortszentrums von Messongi parken) und mit dem Taxi zum ›See‹ Korission. (Motorisierte Urlauber, die nur einen Spaziergang machen möchten, können an der Lagune parken.) *Es wäre **ideal**, wenn man von Freunden am nördlichen Ende der Lagune abgesetzt und später in Perivoli wieder abgeholt würde.*

Rückfahrt: von Perivoli — entweder zurück nach Korfu-Stadt (Fahrzeit 1 Std. 05 Min.) oder zum in Messongi oder Ano Messongi.

Kürzere Wanderungen

1 **Burg Gardiki — Ag Georgios — Argirades:** 15,0 km; 4 Std.; leicht; Ausrüstung und Anfahrt wie oben; Rückfahrt mit dem Bus von Argirades zurück nach Korfu-Stadt oder zum eigenen Auto). Man folgt der Wanderung bis zum Golden Beach und nimmt dann die Landstraße nach Argirades (fünf Minuten nach der Kirche in Ag Georgios ausgeschildert; siehe die Karte auf Seite 118-119). In Argirades geht man geradeaus zum Kirchplatz weiter und biegt dann nach links. Man erreicht die Hauptstraße und folgt ihr 100 m bergauf. Der Bus hält vor dem ersten großen Olivenbaum auf der rechten Seite.

2 **Argirades — Golden Beach — Perivoli:** 12,0 km; 3 Std. 45 Min.; Schwierigkeitsgrad und Ausrüstung wie oben. Anfahrt: in Richtung Kavos oder bis nach Argirades (an der Hauptstraße nahe der Abzweigung nach Kouspades parken). Ausgangspunkt ist die Abzweigung nach Kouspades und Petreti: Man folgt dem schräg gegenüber liegenden Sträßchen und gelangt auf den Kirchplatz von Argirades. Hinter der Kirche läuft man rechts weiter. Man geht an einer Rechtsabzweigung vorbei und folgt der schmalen Landstraße bis zum Golden Beach (Karte S. 118-119). Dann schließt man sich der Hauptwanderung an der 3Std 0Min-Stelle an und folgt ihr bis zum Ende. Die Rückfahrt erfolgt wie oben — entweder zurück nach Korfu-Stadt oder zum Auto in Argirades.

Diese Wanderung, die größtenteils dem Corfu Trail folgt, verläuft zumeist an der von einem schier endlosen Sandstrand gesäumten Küste. Am ›See‹ Korission, einer seichten, von Sanddünen begrenzten Lagune, erreichen wir zum ersten Mal das Meeresufer. Wir kommen durch einen schönen Steineichenbestand. Dann erreichen wir eine richtige Dünenlandschaft; verstreut im goldgelben Sand gedeihen silbergrüne Wacholdergruppen. Das Landschaftsbild wird kurz durch das Ag Georgios beeinträchtigt. Wir passieren den Ort nur, um einen felsigen Abschnitt der Küste abzukürzen, und kehren danach wieder zum Meeresufer zurück. Wir schlendern an einer Böschung aus

Sandstein entlang, die sich bald zu Klippen auftürmt. Schließlich kehren wir an einsame Strände zurück, wo wir dem Meeresrauschen lauschen können.

Ausgangspunkt ist die ABZWEIGUNG zur **Burg Gardiki**. Wir folgen der Straße zur BURG (**10Min**). Knapp 20 Minuten später biegen wir links auf die Straße nach **Mesavrisi**. Wir erreichen den Strand und den Dünensaum an der **Korission-Lagune** (**50Min**) und wandern nach links weiter — entweder entlang dem **Halikouna-Strand** (Picknick 20a) oder auf dem Parallelweg.

An der FISCHZUCHT und dem KANAL, der den sogenannten ›See‹ mit dem Meer verbindet (**1Std45Min**), überqueren wir den Kanal bei dem auf Seite 120 abgebildeten Schuppen und folgen dann dem sandigen Pfad ins Gesträuch (siehe jetzt die Karte auf Seite 118-119). Der Pfad schwenkt zur Lagune und folgt ihr fünf Minuten lang. Dann biegt er unvermittelt nach rechts in das Gesträuch zurück (an dieser Stelle nicht entlang der Lagune weitergehen!). Bald gelangen wir auf einen nicht mehr befahrenen Weg. Wir lassen das Gesträuch hinter uns, steigen über die Dünen, schlängeln uns zwischen Wacholdergruppen hindurch und erblicken eine Landschaft, die ganz anders ist als die sonst üblichen, mit Olivenbäumen bestandenen Hügel Korfus: Ein von Seggen gesäumte Lagune, in deren Umkreis vereinzelt Häuschen stehen.

Wir erreichen die KÜSTE (**2Std20Min**), wandern nach links weiter und kommen am **Issos-Strand** vorbei (Picknick 20b). Dann folgen wir der Straße durch **Ag Georgios**. Direkt hinter der Abzweigung nach Argirades marschieren wir zum **Golden Beach** hinab (**3Std10Min**). *(Die Kürzere Wanderung 1 zweigt an der Abzweigung nach Argirades ab; die Kürzere Wanderung 2 mündet hier ein.)* Wir gehen nach links am Strand entlang; stellenweise müssen wir über Felsen klettern. Nach 50 Minuten passieren wir das Feriendorf **Santa Barbara** (**4Std**). Es geht weiter an dieser relativ abgelegenen Küste entlang. Wir umrunden eine felsige LANDSPITZE (**4Std45Min**); in dem geschützten Badeplätzchen sind einige Fischerboote zu sehen. Nun begeben wir uns zu der kleinen FISCHERHÜTTE AUS BACKSTEINEN auf der Rückseite des Strandes. Wir halten uns rechts von der Hütte und entfernen uns auf dem Weg ansteigend vom Strand. Nach ein paar Minuten kommen zwei weitere Wege vom Strand herauf.

Bald ist an der Küste ein herrlicher, nahezu menschenleerer Strand zu sehen. Ein steiler Aufstieg führt uns zu einer VERZWEIGUNG an einem Olivenhain (**5Std15Min**). Wir biegen nach links und gehen dann sogleich rechts einen breiteren, steinigen Weg hinab; rechts steht eine Kapelle. Alle Seitenwege bleiben unbeachtet. Wir gelangen auf die STRASSE NACH SANTA BARBARA und marschieren nach rechts weiter. Dann erreichen wir **Perivoli** und biegen an einer Verzweigung nach links (jedoch *nicht* scharf nach links). Vor dem Glockenturm der Kirche wenden wir uns links auf die Hauptstraße. Die BUSHALTESTELLE (**6Std10Min**) kommt nach ein paar Minuten neben den Cafés.

21 KAVOS • KLOSTER PANAGIA • KANOULA-STRAND • AG GORDIS-STRAND • PALEOCHORI

Länge: 10,0 km; 3 Std. 15 Min.

Schwierigkeitsgrad: mittelschwer. Auf-/Abstieg über etwa 200 Höhenmeter. Vorsicht ist jedoch geboten, wenn man über Felsen klettert.

Ausrüstung: Wanderstiefel oder feste Schuhe, Sonnenhut, Sonnencreme, Sonnenbrille, langärmeliges Hemd, lange Hose, Regenzeug, Badesachen, Proviant, reichlich Getränke

Anfahrt: 🚌 nach Kavos; Fahrzeit 1 Std. 45 Min.
Rückfahrt: 🚌 von Paleochori (Abfahrtszeit überprüfen, da die Abfahrtszeit von den Schulferien abhängt); Fahrzeit 1 Std. 50 Min.

Kurzwanderung: Kavos — Kloster Panagia — Kanoula-Strand — Kavos: 8,0 km; 2 Std. 20 Min.; leichte Auf-/Abstiege über 100 Höhenmeter; Ausrüstung und Anfahrt wie oben; Rückfahrt mit derselben Buslinie. Oder 🚗 nach Kavos und ebenso zurück. In diesem Fall fährt man durch den Ort und parkt am Rande des Weges, der zum Kloster führt (siehe die Karte); 15 Min. Zeitersparnis. Ausrüstung und Anfahrt wie oben. Man folgt der Wegbeschreibung bis zum Kanoula-Strand und kehrt dann auf dem Strandweg zurück; an einer Verzweigung geht man nach rechts bergauf weiter. Nach gut fünf Minuten gelangt man wieder auf den Hinweg zum Kloster und geht links nach Kavos zurück. *Weniger erfahrenen Wanderern sehr zu empfehlen.*

Variante: Kavos — Moni Panagia — Kanoula Beach — Spartera — Kavos: 10,8 km; 3.40 Std. Schwierigkeitsgrad und Ausrüstung wie bei der Hauptwanderung. 🚌 oder 🚗 nach Kavos. Man folgt der Hauptwanderung bis zur 1Std30Min-Stelle. Nun geht man am Kanoula-Strand entlang, steigt über Felsen und geht zu einem Weg weiter, der am Ende des Strandes weiterführt. Man folgt diesem Weg bergauf und biegt an der ersten Verzweigung nach rechts. Etwa 20 Minuten geht es steil bergauf; es bietet sich ein schöner Blick zurück auf den Strand.

Nach knapp einer Stunde Anstieg vom Strand biegt man rechts auf eine Landstraße, die Kavos und Neochori verbindet. Nach wenigen Minuten erreicht man das kleine Dorf Spartera. Man folgt der Hauptstraße nach rechts und geht gut 2 km weiter bis zu einer Querstraße. Hier geht man links nach Kavos zurück.

An der Südspitze Korfus befinden sich die Überreste eines befestigten Klosters namens Panagia Arkoudillas. Diese romantische Ruine liegt etwas abseits der wunderschönen erodierten Klippen, die sich am Kap Asprokavos erheben, zwischen Steineichen und Zypressen. Die zahlreichen, auf die Klostermauern gekritzelten Namen bezeugen, dass dies der wahrscheinlich beliebteste Wander- und Radwanderweg Korfus ist. Für die Einheimischen ist die Landspitze allerdings nur als Jagdrevier interessant; ein Vogelparadies wird man hier also nicht vorfinden.

An der letzten Haltestelle in **Kavos** steigen wir aus dem Bus. Wir gehen **zunächst** geradeaus auf der Hauptstraße weiter und passieren die KLINIK (sie liegt rechts, wenn man aus dem Bus steigt). An der VERZWEIGUNG (**5Min**) biegen wir nach rechts. Nach einer Minute überqueren wir eine Brücke und folgen dann der linken Straße. Knapp eine Minute danach verlassen wir die Straße und biegen rechts auf einen SCHOTTERWEG, der zum MONI PANAGIA BESCHILDERT ist. Dieser breite Weg wird uns direkt zum Kloster führen. Während der ersten Minuten gehen wir an einer Links- und an einer Rechtsabzweigung vorbei. Während der folgenden zehn Minuten gehen wir an zwei weiteren Wegen vorbei, die rechts abzweigen. *(Die Kurzwanderung wird später auf diesem zweiten Weg zurückführen.)*

Am Wegesrand kommt eine MÜLLKIPPE (**45Min**). Fünf Minuten später halten wir uns an einer Verzweigung rechts. Zypressen säumen den Weg und ein Stückchen weiter wandern wir im Schatten eines

Kloster Panagia Arkoudillas. Die Kurzwanderung ist für jedermann geeignet und lässt sich gut mit Autotour 4 verbinden.

schönen Eichenwaldes, der zu den wenigen überlebenden Wäldern dieser Art auf Korfu gehört. Ranken hängen von den Bäumen. In der Nähe des Klosters verläuft der Weg am Klippenrand, der mit Pflanzenwuchs bedeckt ist. Es bietet sich ein herrlicher Ausblick auf die blendend-weißen Klippen. (Wenn man wegen der Aussicht bis zum Klippenrand hinaufklettert, sollte man dies mit äußerster Vorsicht tun; es kommt leicht zu Abrutschungen.)

Fünf Minuten nach der Verzweigung taucht plötzlich das **Kloster Panagia** in einer Zypressengruppe unterhalb des Weges ziemlich dicht am Abbruchrand der Klippen auf (**55Min**). Innerhalb der Mauern befinden sich zwei Kapellen. Eine davon gehört zu dem ursprünglichen Kloster und liegt heute in Ruinen; die andere ist jüngeren Datums, aber ziemlich vernachlässigt und wird noch benutzt. Reste von Treppenaufgängen und Wänden tragen zum Reiz der Ruinenstätte bei, die im Frühling und Herbst überdies mit Wildblumen übersät ist. Auf der anderen Wegseite folgen wir dem Pfad in den Wald. Er ist überwuchert, und wir müssen uns durch die Vegetation hindurchbahnen, aber dieser kurze Abstecher dauert nur zwei Minuten und führt uns zum Klippenrand. Hier bietet sich ein großartiger Blick auf den Kanoula-Strand, den wir später besuchen werden.

Wir kehren zum Kloster zurück und folgen dem Weg, der sich durch den zauberhaften Wald hinabschlängelt, wo die Olivenhaine von Kermeseichen erobert werden. Nach wenigen Minuten endet der Weg an einem Querpfad, dem wir nach links zum Strand folgen. Der Pfad verschwindet im Gesträuch, und wir müssen uns durch die Vegetation hindurchbahnen, aber der Routenverlauf ist stets eindeutig. Nach fünf Minuten überqueren wir einen schlammigen Bach und kraxeln dann durchs Gesträuch zu einem BREITEN ERDWEG empor (**1Std25Min**). Sogleich gehen wir links eine Betonstraße hinab. Fünf Minuten später stehen wir am menschenleeren **Kanoula-Strand** (**1Std 30Min**). *(Von hier führt die Kurzwanderung wieder den Weg hinauf; an der Verzweigung geht man geradeaus weiter empor.)*

Die Wanderung setzt sich entlang der weitgeschwungenen Bucht zum Kap fort. Zwischen den Uferfelsen sehen wir Meerfenchel *(Crithmum maritimum)*, eine seltsam riechende Pflanze mit bläulich-grünen fleischigen Blättern. Nach etwa 25 Minuten am Strand kommen wir unterhalb eines Weges vorbei, bleiben jedoch weiter am Ufer. Es geht um eine felsige Landspitze, und bald erreichen wir einen kleinen Hafen mit einer Anzahl von Fischerbooten. Wir steigen über einige große Felsbrocken, um einen Parkplatz und eine Straße zu erreichen (**2Std15Min**). Nun folgen wir der Straße auf der Rückseite des **Strandes Ag Gordis** oder gehen an der Küste entlang. Nach 20 Minuten gehen wir an einer Straßenverzweigung 2,2 km geradeaus nach **Paleochori** weiter (**3Std15Min**) — oder wandern nach rechts bergauf 1,7 km nach **Dragotina** (**3Std15Min**).

BUSFAHRPLÄNE

Diese Fahrpläne waren zum Zeitpunkt der Drucklegung in der Hochsaison gültig. Außerhalb der Sommermonate gelten teilweise andere Fahrzeiten; ungefähr ab Mitte September bis Mai verkehren nurmehr wenige Busse. Möglicherweise verkehren die Busse häufiger als hier aufgeführt; unsere Zeitangaben wurden *offiziellen* Fahrplänen entnommen. Es lohnt sich auf jeden Fall, einmal nachzuprüfen, ob weitere Busse verkehren. Die hier abgedruckten Fahrpläne dienen in erster Linie als Anhaltspunkt, wie *häufig* die einzelnen Buslinien verkehren. Ohne Zweifel ist mit künftigen Änderungen zu rechnen. *Für alle Busverbindungen (mit Ausnahme der sehr häufig verkehrenden Linien) sollten die aktuellen Fahrzeiten am* ***Busbahnhof*** *überprüft werden.*

Die Busfahrpläne auf den folgenden Seiten beziehen sich auf zwei Busbahnhöfe. ›Bahnhof 1‹ liegt vorne am San-Rocco-Platz/Platia Georgiou Theotoki (blaue Busse zu den nahegelegenen Ferienorten sowohl nördlich als auch südlich von Korfu-Stadt, z.B. Dasia, Benitses, Potamos usw.). ›Bahnhof 2‹ befindet sich am ›New Fortress Square‹ in der Nähe des alten Hafens. Von hier fahren die grünen KTEL Busse zu allen anderen Orten auf der Insel. An beiden Bahnhöfen hängen Fahrpläne aus. Am Bahnhof 2 ist auch ein gedruckter Fahrplan erhältlich, in dem jedoch nur die großen Ferienorte aufgeführt sind. (Auch in Broschüren und Zeitungen für Touristen sind die Fahrpläne abgedruckt.) Wenn man am Busbahnhof 2 einen Bus besteigen möchte, sollte man sich stets eine Viertelstunde vorher einfinden, denn so lange braucht man ungefähr, den richtigen Bus zu finden; am Busbahnhof geht es ziemlich chaotisch zu, insbesondere in der Hochsaison. Außerdem scheinen die Fahrer und Kontrolleure am Bahnhof 2 täglich zu wechseln; ihre Auskunft ist daher nicht unbedingt zuverlässig. Man sollte dies wissen, wenn man sich danach erkundigt, wann der Bus zurückfährt: Selbst die Bediensteten wissen dies häufig nicht so genau und verlassen sich mehr auf ihr Gefühl. Es empfiehlt sich daher, sich vor dem Aufbruch von *demjenigen Busfahrer/Kontrolleur,* mit dem man zurückfahren wird, die Abfahrtszeit bestätigen zu lassen. (In Korfu-Stadt gibt es noch einen dritten Busbahnhof namens ›Esplanade‹, der jedoch nur von innerstädtischen Bussen angefahren wird.)

Acharavi (Bahnhof 2). Siehe Fahrplan 9.
Achilleion (Bus Nr. 10, Bahnhof 1). Abfahrt 07.00, 10.00, 12.00, 14.15, 17.00, 20.00 (Mo-Fr); Abfahrt 09.00, 12.00, 17.00, 20.00 (Sa/So/feiertags). Fährt 15 Min. später zurück.
Afionas (Bahnhof 2). Siehe Fahrplan 10.
Ag Georgios-Strand (Bahnhof 2). Siehe Fahrplan 7.
Ag Gordis (Bahnhof 2). Siehe Fahrplan 4.
Ag Martinos (Bahnhof 2). Abfahrt 05.30, 13.30 (nur Mo-Sa). Fährt 06.50, 14.50 (nur Mo-Sa) zurück. Fahrzeit 1 Std. 20 Min.
Ag Mattheos (Bahnhof 2). Abfahrt 05.15, 06.15, 07.00, 12.00, 13.00, 14.00, 16.30 (Mo-Sa); Abfahrt 09.15, 16.00 (So/feiertags). Fährt 06.15, 07.15, 08.00, 13.00, 15.30, 17.30 (Mo-Sa) zurück; fährt 16.00 (So/feiertags) zurück. Fahrzeit 45 Min.
Ag Pandelimonas (Bahnhof 2). Abfahrt 05.30, 14.00 (nur Mo-Sa). Fährt 07.00, 15.30 (nur Mo-Sa) zurück. Fahrzeit 1 Std. 30 Min.
Ag Stefanos (nahe Arilas) (Bahnhof 2). Siehe Fahrplan 8.
Ag Stefanos (nahe Kouloura) (Bahnhof 2). Siehe Fahrplan 11.
Alepou (Bus Nr. 8, Bahnhof 1). Abfahrt 09.20 (Mo-Fr). Fährt 09.30 zurück.
Ano Garouna (Bahnhof 2). Abfahrt 05.00, 06.30, 12.30, 15.15 (nur Mo-Sa). Fährt 06.15, 07,10, 13.10, 15.55 (nur Mo-Sa) zurück. Fahrzeit 40 Min.

Argirades (Bahnhof 2). Siehe Fahrpläne 2 und 7.
Arilas (Bahnhof 2). Siehe Fahrplan 10.
Arkadades (Bahnhof 2). Siehe Fahrplan 8.
Armenades (Bahnhof 2). Abfahrt 06.30, 13.30 (nur Mo-Sa). Fährt 07.45, 14.45 (nur Mo-Sa) zurück. Fahrzeit 1 Std. 05 Min.
Avliotes (Bahnhof 2). Siehe Fahrplan 8.
Benitses (Bus Nr. 6, Bahnhof 2). Abfahrt 07.00, 08.00, 09.30, 10.30, 11.30, 13.15, 14.15, 16.00, 17.00, 19.00, 20.00, 21.30 (Mo-Fr; Abfahrt 08.30, 10.30, 12.30, 16.30, 18.30, 20.30 (Sa/So/feiertags). Fährt 30 Min. später zurück.
Dasia (Bus Nr. 7, Bahnhof 1). Abfahrt ab 07.00 bis 22.00 alle halbe Stunde (täglich). Fährt 30 Min. später zurück.
Doukades Abzweigung (Bahnhof 2). Siehe Fahrplan 1; Fahrzeiten etwa wie von Paleokastritsa aus.
Episkepsis (Bahnhof 2). Abfahrt 05.30, 14.00 (nur Mo-Sa). Fährt 07.15, 15.45 (nur Mo-Sa) zurück. Fahrzeit 1 Std. 15 Min.
Ermones (Bahnhof 2). Siehe Fahrplan 6.
Gastouri (Bus Nr. 10, Bahnhof 1). Wie für Archilleion; fährt 15 Min. später zurück.
Gianades (Bahnhof 2). Abfahrt 05.00, 06.30, 14.30 (nur Mo-Sa). Fährt 05.35, 07.05, 15.00 (nur Mo-Sa) zurück. Fahrzeit 35 Min.
Glyfada (Bahnhof 2). Siehe Fahrplan 5.
Gouvia (Bahnhof 1). Fahrzeiten wie für Dasia.
Hlomos (Bahnhof 2). Abfahrt 05.45, 14.30 (nur Mo-Sa). Fährt 06.45, 15.30 (nur Mo-Sa) zurück. Fahrzeit 1 Std.
Ipsos (Bahnhof 2). Siehe Fahrplan 12.
Kalami Abzweigung (Bahnhof 2). Siehe Fahrplan 11.
Kanoni (Bus Nr. 2, Esplanade). Abfahrt täglich von 07.30 bis 20.30 alle 30 Minuten; fährt alle 30 Minuten wieder zurück.
Karoussades (Bahnhof 2). Abfahrt 06.00, 09.00, 14.00 (nur Mo-Sa). Fährt 07.10, 10.10, 15.10 (nur Mo-Sa) zurück. Fahrzeit 1 Std. 10 Min.
Kassiopi (Bahnhof 2). Siehe Fahrpläne 11 und 13.
Kavadades/Magoulades Abzweigung (Bahnhof 2). Siehe Fahrplan 10; Fahrzeiten wir für Magoulades.
Kavos (Bahnhof 2). Siehe Fahrplan 2.
Khoroepiskopi (Bahnhof 2). Siehe Fahrplan 9.
Kontokali (Bus Nr. 7, Bahnhof 1). Fahrzeiten wie für Dasia.
Korakades (Bahnhof 2). Abfahrt 05.30, 14.00 (nur Mo-Sa). Fährt 06.30, 15.00 (nur Mo-Sa) zurück. Fahrzeit 1 Std.
Korakiana (Bahnhof 2). Abfahrt 06.15, 16.00 (Mo-Sa); Abfahrt 09.30, 19.30 (So/feiertags). Fährt 06.50, 16.35 (Mo-Sa) zurück; fährt 10.05, 20.05 (So/feiertags) zurück. Fahrzeit 35 Min.
Krini (Bahnhof 2). Abfahrt 07.00, 14.50 (nur Mo-Sa). Fährt 07.05, 15.30 (nur Mo-Sa) zurück. Fahrzeit 1 Std.
Lafki (Bahnhof 2). Abfahrt 04.45, 14.00 (nur Mo-Sa). Fährt 06.55, 16.10 (nur Mo-Sa) zurück. Fahrzeit 2 Std. 10 Min.
Lefkimmi (Bahnhof 2). Siehe Fahrplan 2.
Liapades (Bahnhof 2). Abfahrt 05.00, 06.00, 14.00 (nur Mo-Sa). Fährt 05.35, 06.35, 14.35 (nur Mo-Sa) zurück. Fahrzeit 35 Min.
Loutses (Bahnhof 2). Siehe Fahrplan 11.
Magoulades (Bahnhof 2). Siehe Fahrplan 10. Fährt auch vom Bahnhof 3 (über Armenades) ab 06.30, 13.30 (nur Mo-Sa). Fährt 07.35, 15.00 (nur Mo-Sa) zurück. Fahrzeit 1 Std. 05 Min.
Messongi (Bahnhof 2). Siehe Fahrpläne 2 und 3.
Nimfes (Bahnhof 2). Abfahrt 05.30, 14.00 (nur Mo-Sa). Fährt 06.20, 14.50 (nur Mo-Sa) zurück. Fahrzeit 50 Min.

Nissaki (Bahnhof 2). Siehe Fahrplan 11.
Paleokastritsa (Bahnhof 2). Siehe Fahrplan 1.
Perama (Bus Nr. 6, Bahnhof 1). Wie Bus Nr. 6 nach Benitses (siehe oben.)
Perithia (Bahnhof 2). Siehe Fahrplan 11.
Perivoli (Bahnhof 2). Siehe Fahrplan 2.
Peroulades (Bahnhof 2). Siehe Fahrplan 8.
Porta (Bahnhof 2). Abfahrt 05.45, 13.30 (nur Mo-Sa). Fährt 06.55, 14.40 (nur Mo-Sa) zurück. Fahrzeit 1 Std. 10 Min.
Prinilas (Bahnhof 2). Abfahrt 06.15, 13.30 (nur Mo-Sa). Fährt 07.15, 14.30 (nur Mo-Sa) zurück. Fahrzeit 1 Std.
Pyrgi (Bahnhof 2). Siehe Fahrplan 12.
Roda (Bahnhof 2). Siehe Fahrpläne 9 und 13.
Sfakera (Bahnhof 2). Roda-Bus; siehe Fahrplan 9; Fahrzeiten ungefähr wie für Roda.
Sgombou (Bahnhof 2). Siehe Fahrplan 1; Fahrzeiten ungefähr wie für Tsavros.
Sidari (Bahnhof 2). Siehe Fahrpläne 8 und 13.
Sinarades (Bahnhof 2). Siehe Fahrplan 4.
Sokraki (Bahnhof 2). Abfahrt 04.45, 14.00 (nur Mo-Sa). Fährt 07.40, 16.55 (nur Mo-Sa) zurück. Fahrzeit 1 Std. 25 Min.
Spartilas (Bahnhof 2). Abfahrt 05.30, 14.00 (nur Mo-Sa). Fährt 08.00, 16.30 (nur Mo-Sa) zurück. Fahrzeit 40 Min.
Stavros (Bahnhof 2). Fahrzeiten wie für Strongili.
Strinilas (Bahnhof 2). Siehe Lafki-Bus. Fahrzeit etwa 1 Std. 30 Min.
Strongili (Bahnhof 2). Abfahrt 05.15, 06.15, 08.30, 12.30, 14.30, 17.00, 19.30 (Mo-Sa); abfahrt 09.15 (So/feiertags). Fährt 06.15, 07.15, 09.30, 13.30, 15.30, 18.00, 20.30 (Mo-Sa) zurück; fährt 16.00 (So/feiertags) zurück. Fahrzeit 1 Std.
Tembloni (Bus Nr. 4, Bahnhof 1). Abfahrt 06.45, 14.30 (nur Mo-Fr). Fährt 07.00,14.45 (nur Mo-Fr) zurück.
Troumpeta (Bahnhof 2). Siehe Fahrplan 9.
Tsavros (Bahnhof 2). Siehe Fahrplan 1.
Variapatades (Bahnhof 2). Abfahrt 05.30, 07.00, 14.30 (nur Mo-Sa). Fährt 06.05, 07.35, 15.05 (nur Mo-Sa) zurück. Fahrzeit 35 Min.
Vassili (Bus Nr. 3, Bahnhof 1). Abfahrt täglich von 07.30 bis 20.30 alle 30 Minuten. Fährt alle 30 Minuten zurück.
Vatos (Bahnhof 2). Siehe Fahrplan 5.
Vitalades (Bahnhof 2). Abfahrt 05.45 (nur Mo-Sa). Fährt 07.15 (nur Mo-Sa) zurück. Fahrzeit 1 Std. 10 Min.

1 Korfu • Tsavros • Paleokastritsa (auch Sgombou, Abzweigung nach Doukades)

	Mo-Sa			*So/feiertags*	
Korfu	**Tsavros**	**Paleokastritsa**	**Korfu**	**Tsavros**	**Paleokastritsa**
08.30	08.50	09.05	09.00	09.20	09.35
09.00	09.20	09.45	10.30	10.50	11.05
10.30	10.50	11.05	12.00	12.20	12.35
12.00	12.20	12.35	14.00	14.20	14.35
14.00	14.20	14.45	16.00	16.20	16.35
16.00	16.20	16.45			
18.00	18.20	18.45			

RÜCKFAHRT

	Mo-Sa			*So/feiertags*	
Paleokastritsa	**Tsavros**	**Korfu**	**Paleokastritsa**	**Tsavros**	**Korfu**
09.15	09.30	09.50	09.45	10.00	10.20
09.45	10.00	10.20	11.15	11.30	11.50
11.15	11.30	11.20	12.45	13.00	13.20

Paleokastritsa	Tsavros	Korfu	Paleokastritsa	Tsavros	Korfu
12.45	12.30	12.50	14.45	15.00	15.20
14.45	15.00	15.20	16.45	17.00	17.20
16.45	17.00	17.20			
18.45	19.00	19.20			

2 Korfu • Messongi • Argirades • Perivoli • Lefkimmi • Kavos

Täglich

Korfu	Messongi	Argirades	Perivoli	Lefkimmi	Kavos
06.30**	07.05**	07.20**	07.35**	07.50**	08.10**
08.15*	08.50*	09.05*	09.20*	09.35*	09.55*
09.30	10.05	10.20	10.35	10.50	11.10
10.30*	11.05*	11.20*	11.35*	11.50*	12.10*
11.30**	12.05**	12.20**	12.35**	12.50**	13.10**
12.30*	13.05*	13.20*	13.35*	13.50*	14.10*
13.30*	14.05*	14.20*	14.35*	14.50*	15.10*
15.30	16.05	16.20	16.35	16.50	17.10
17.30**	18.05**	18.20**	18.35**	18.50**	19.10**
19.30	20.05	20.20	20.35	20.50	21.10

RÜCKFAHRT

Kavos	Lefkimmi	Perivoli	Argirades	Messongi	Korfu
08.00**	08.20**	08.35**	08.50**	09.05**	09.40**
09.45*	10.05*	10.20*	10.25*	10.50*	11.25*
11.00	11.20	11.35	11.50	12.05	12.40
12.00*	12.20*	12.35*	12.50*	13.05*	13.40*
13.00**	13.20**	13.35**	13.50**	14.05**	14.40**
14.15*	14.35*	14.50*	15.05*	15.20*	15.55*
15.00**	15.20**	15.35**	15.50**	16.05**	16.40**
17.00	17.20	17.35	17.50	18.05	18.40
19.00**	19.20**	19.35**	19.50**	20.05**	20.40**
21.00	21.20	21.35	21.50	22.05	22.40

*not Saturday or Sunday; **not Sunday

3 Korfu • Benitses • Messongi

Korfu	Benitses	Messongi	Messongi	Benitses	Korfu
		Mo-Sa			
09.00	09.25	09.40	07.00*	07.15*	07.40*
09.15	09.40	09.55	07.20*	07.35*	08.00*
11.30	11.55	12.15	08.45	09.00	09.25
14.30	14.55	15.10	10.00**	10.15**	10.40**
15.30	15.55	16.10	10.20**	10.35**	11.00**
			11.45	12.00	12.25
			12.45**	13.00**	13.25**
			13.45	14.00	14.25
			15.00**	15.15**	15.40**
			16.00**	16.15**	16.40**
			16.45	17.00	17.25
			17.45	18.00	18.25
			19.45**	20.00**	20.25**
			21.45	22.00	22.25
		So/feiertags			
09.00	09.25	09.40	10.15	10.30	10.55
09.30	09.55	10.15	11.45	12.00	12.25
15.30	15.55	16.10	16.45	17.00	17.25
19.30	19.55	20.10	17.45	18.00	18.25
			21.45	22.00	22.25

*nur Sa; **nicht Sa

4 Korfu • Sinarades (über Kastellani) • Ag Gordis

		Mo-Sa			
Korfu	**Sinarades**	**Ag Gordis**	**Ag Gordis**	**Sinarades**	**Korfu**
08.15	08.45	08.55	09.00	09.10	09.40
09.15	09.45	09.55	10.00+	10.10+	10.40+
13.00*	13.30*	13.35*	13.45**	13.55**	14.25**
14.45	15.15	15.25	15.15	15.25	15.55
17.30	18.00	18.10	18.15	18.25	19.05
20.00	20.30	20.40	20.45	20.55	21.25
		So/feiertags			
09.30	09.55	10.00	10.15§	10.25§	10.55§
13.00	13.25	13.30	13.15§	13.25§	13.55§
17.30	18.00	18.10	18.15§	18.25§	18.55§

*nicht Sa; **nur Sa; +Sa 15 Min. später; §für Sonntag sind *keine* Abfahrtszeiten von Ag Gordis in den offiziellen Fahrplänen angegeben; die ***Rückfahrt vorab checken!***

5 Korfu • Vatos (über Ag Ioannis) • Glyfada

	Mo-Sa			*So/feiertags*	
Korfu	**Vatos**	**Glyfada**	**Korfu**	**Vatos**	**Glyfada**
06.45	07.15	07.25	09.00	09.30	09.40
09.00	09.30	09.40	11.00	11.30	11.40
11.00	11.30	11.40	13.00	13.30	13.40
13.00	13.30	13.40	16.00	16.30	16.40
14.00	14.30	14.40	17.30	18.00	18.10
16.00	16.30	16.40			
17.30	18.00	18.10			
20.00	20.30	20.40			

RÜCKFAHRT

	Mo-Sa			*So/feiertags*	
Glyfada	**Vatos**	**Korfu**	**Glyfada**	**Vatos**	**Korfu**
07.15	07.25	07.55	09.45	09.55	10.25
09.45	09.55	10.25	11.45	11.55	12.25
11.45	11.55	12.25	13.45	13.55	14.25
13.45	13.55	14.25	16.45	16.55	17.25
14.45	14.55	15.25	18.15	18.25	18.55
16.45	16.55	17.25			
18.15	18.25	18.55			
20.45	20.55	21.15			

6 Korfu • Ermones • Korfu

Mo-Sa: Abfahrt Korfu-Stadt 09.15, 14.30, 20.00; fährt von Ermones 10.00, 15.00, 20.30 zurück; *So:* Abfahrt Korfu-Stadt 09.00, 16.00; fährt von Ermones 10.00, 16.30 zurück; Fahrzeit 35 Min.

7 Korfu • Ag Georgios-Strand (nahe Argirades)

Mo-Sa		*So/feiertags*	
Korfu	**Ag Georgios**	**Korfu**	**Ag Georgios**
09.30	10.30	09.00	10.00
15.30	16.30	15.30	16.30

RÜCKFAHRT

Ag Georgios	**Korfu**	**Ag Georgios**	**Korfu**
10.00	11.00	10.00	11.00
16.30	17.30	16.30	17.30

8 Korfu • Arkadades • Sidari • Peroulades • Avliotes • Ag Stefanos

		Mo-Sa			
Korfu	**Arkadades**	**Sidari**	**Peroulades**	**Avliotes**	**Ag Stefanos**
05.30	06.10	06.40	06.45	06.55	07.00
08.15	08.55	09.25	~~00.00~~	~~00.00~~	~~00.00~~
09.00	09.40	10.10	10.15	10.25	10.35
11.00	11.40	12.10	~~00.00~~	~~00.00~~	~~00.00~~
12.00	12.40	13.10	13.15	13.25	13.35
14.00	14.40	15.10	15.15	15.25	15.35
16.00	16.40	17.10	17.15	17.25	17.35
19.30	20.10	20.40	20.45	20.55	21.05
		So/feiertags — nur ein Bus			
09.30	10.10	10.40	10.45	10.55	11.05

RÜCKFAHRT

		Mo-Sa			
Ag Stefanos	**Avliotes**	**Peroulades**	**Sidari**	**Arkadades**	**Korfu**
06.55	07.05	07.15	07.20	07.50	08.30
10.35	10.45	10.55	11.00	11.30	12.10
~~00.00~~	~~00.00~~	~~00.00~~	12.15	12.45	13.25
13.40	13.50	14.00	14.05	14.35	15.15
15.35*	15.45*	15.55*	16.00*	16.30*	17.10*
~~00.00~~	~~00.00~~	~~00.00~~	17.30	18.00	18.40
17.35	17.45	17.55	18.00	18.30	19.10
21.05	21.15	21.25	21.30	22.00	22.40

*samstags fährt der Bus um 15.35 eine halbe Stunde früher

Ag Stefanos	**Avliotes**	**Peroulades**	**Sidari**	**Arkadades**	**Korfu**
		So/feiertags — nur ein Bus			
16.50	17.00	17.10	17.15	17.45	18.25

9 Korfu • Troumpeta • Khoroepiskopi • Roda • Acharavi

		Mo-Fr		
Korfu	**Troumpeta**	**Khoroepiskopi**	**Roda**	**Acharavi**
05.45	06.15	06.25	06.45	07.00
09.00	09.30	09.40	10.00	10.15
11.00	11.30	11.40	12.00	12.15
13.45	14.15	14.25	14.45	15.00
16.00	16.30	16.40	17.00	17.15
		Sa		
06.00	06.30	06.40	07.00	07.15
09.00	09.30	09.40	10.00	10.15
11.00	11.30	11.40	12.00	12.15
14.00	14.30	14.40	15.00	15.15
16.00	16.30	16.40	17.00	17.15
		So/feiertags — nur ein Bus		
09.30	10.00	10.10	10.30	10.45

RÜCKFAHRT

		Mo-Sa		
Acharavi	**Roda**	**Khoroepiskopi**	**Troumpeta**	**Korfu**
07.15	07.30	08.05	08.15	08.45
10.30	10.45	11.05	11.15	11.45
12.30	12.45	13.05	13.15	13.45
15.30	15.45	16.05	16.15	16.45
17.15	17.30	17.50	18.00	18.30

*samstags fährt der Bus um 15.30 von Acharavi um 15.00 ab

		So/feiertags — nur ein Bus		
17.15	17.30	17.50	18.00	18.30

10 Korfu • Magoulades • Afionas

nur Mo-Sa

Korfu	Magoulades	Afionas	Arilas	Afionas	Arilas	Magoulades	Korfu
05.30	06.35	06.50	07.10	06.45	07.00	07.10	08.15
13.45	15.50	16.10	16.25	15.15	15.30	15.40	16.45

11 Korfu • Nissaki • Abzweigung nach Kalami • Kassiopi • Perithia • Loutses

Mo-Sa

Korfu	Nissaki	Kalami (Abzweigung)	Ag Stephanos (Abzweigung)	Kassiopi	Perithia	Loutses
05.45	06.25	06.40	06.45	06.50	07.00	07.05
09.00	09.40	09.55	10.00	10.05	10.15	~~00.00~~
11.00	11.40	11.55	12.00	12.05	~~00.00~~	~~00.00~~
12.15	12.55	13.10	13.15	13.20	13.30	~~00.00~~
14.30	15.10	15.25	15.30	15.35	15.45	15.50
16.00	16.40	16.55	17.00	17.05	~~00.00~~	~~00.00~~
So/feiertags — nur ein Bus						
09.30	10.10	10.25	10.30	10.35	10.45	

RÜCKFAHRT

Mo-Sa

Loutses	Perithia	Kassiopi	Ag Stephanos (Abzweigung)	Kalami (Abzweigung)	Nissaki	Korfu
06.55	07.00	07.10	07.15	07.20	07.35	08.15
	10.15	10.20	10.25	10.30	10.45	11.25
~~00.00~~	~~00.00~~	12.00	12.05	12.10	12.25	13.05
	13.30	13.40	13.45	13.50	15.05	15.45
~~00.00~~	~~00.00~~	15.00	15.05	15.10	15.25	16.05
15.55	16.00	16.10	16.15	16.20	16.35	17.15
~~00.00~~	~~00.00~~	17.10	17.15	17.20	17.35	18.15
So/feiertags — nur ein Bus						
17.00	17.05	17.15	17.20	17.25	17.40	18.20

12 Korfu • Pyrgi/Ipsos

Mo-Fr Abfahrt		*Sa Abfahrt*		*So Abfahrt*	
Korfu	**Pyrgi/Ipsos**	**Korfu**	**Pyrgi/Ipsos**	**Korfu**	**Pyrgi/Ipsos**
07.00	07.30	09.00	10.00	09.30	17.45
09.00	09.15	11.00	12.40		
11.00	10.00	12.15	14.00		
12.30	12.40	14.00	16.45		
13.30	14.00	14.30	19.30		
14.30	15.15	16.00			
16.00	16.30	18.30			
18.30	16.45				
20.00	19.20				
	21.00				

13 Kassiopi • Roda • Sidari

Mo-Sa und feiertags, jedoch sonntages kein Bus

Kassiopi	Roda	Sidari	Sidari	Roda	Kassiopi
09.30	09.55	10.15	10.15	10.35	11.00
11.30	11.55	12.15	12.15	12.35	13.00
14.30	14.55	15.15	15.15	15.35	16.00
16.00	16.25	16.45	16.45	17.05	17.30

Ortsregister

Dieses Verzeichnis enthält lediglich Ortsnamen. Hinsichtlich weiterer Eintragungen siehe das Inhaltsverzeichnis auf Seite 3. **Fettdruck** weist auf eine Abbildung hin, eine *kursiv gedruckte* Seitenzahl auf eine Karte. *AK* bezieht sich auf die großmaßstäbliche *Wanderkarte* auf der Rückseite der ausfaltbaren Autokarte. Auf Seite 128-130 gibt es ein separates Verzeichnis der Orte, die in den Busfahrplänen aufgeführt sind. Der Akzent ´ kennzeichnet die betonte Silbe.